내
몸은
거꾸로
간다

마흔에 시작한 운동은
어떻게 행복이 되었나

내 몸은 거꾸로 간다

이지 지음

프롬북스
frombooks

몸의 유턴

"걷는 운동만 하시죠. 근력이든 허리를 꺾든 다 안 됩니다."

신경차단술과 물리치료, 경락마사지로 30대를 연명했다. 하지정맥류수술을 두 번 치르고 나니 이젠 의사가 동네만 슬슬 걸으란다. 요추가 남들은 다섯 개지만 들러붙은 간격을 봐서 네 개려니 하고 살라 했다. 걷는 것만 봐주겠다는 식이다. 몇 십 년째 염증과 붙어살았는데 뼈까지 골병드니 그야말로 골 때린다. 30대까지 별명이 종합병원이었다. 태어날 때만 반짝 멀쩡했던 것 같다. 몸이 도저히 일상생활을 할 수 없을 지경이었다. 정신도 그 장단에 놀아나며 우울함이 극에 달했다.

마흔 넘기며 머리털 나고 처음으로 헬스장 땅을 밟았다. 몸 아래 위 구석구석 근력운동을 확장시켜나갔다. 아픈 감각들은 점차 사라지고 하는 일마다 탄력이 붙기 시작했다. 운동으로 몸이 변하니 음식과 수면의 질도 달라졌다. 체력은 물론 뇌력까지 특별한 약을 삶아먹은 것처럼 치솟았다. 하루 24시간에 몇 시간을 더 얹어 받은 듯했다.

회사 업무는 강도가 높았지만 버틸 만했다. 한창 정신없던 일과 중에도 점심시간에 짬을 내어 몸의 변화를 원하는 직원들 대상으로 운동을 가르쳤다. 근무시간에는 머리 쓰고 저녁시간에는 몸을 썼다. 월화수목금금금, 회사-회사-회사-회사-집만 알았을 땐 입에서 "피곤"이 떠날 날이 없었다. 정작 여러 우물 파는 지금, 그 단어는 멸종했다.

근력운동을 마스터하니 운동에 점점 재미가 붙었다. 물러터지고 싫증을 금방 느끼는 내가, 나를 아프게 하는 운동에도 도전장을 내미는 게 아닌가. 하루가 멀다고 손바닥 살점이 너덜거린 클라이밍, 호흡 곤란이 오고 허벅지가 터질 듯한 줌바댄스, 피부가 까뒤집어지고 피멍이 든 플라잉 요가, 햄스트링, 손목, 등, 팔, 어깨 부상에 이어 갈비뼈 골절까지 맞은 폴댄스. 호기심 따라 기분 따라 흘러가다 보니 어느새 그 분야의 전문가가 되어 있었다. 병으로 아프면 그렇게나 서러운데 운동으로 아픈 건 괜한 우쭐함이 든다. 나이드는 건 그렇게나 서운한데 질병 없는 나이 되니 그토록 자랑스럽다. 아픔 너머엔 몸의 자유가 있었다.

몸이 작은 것 하나를 해냈을 때, 되지 않던 게 될 때 도파민과 엔도르핀을 고용량으로 때려 부은 느낌이다. 스트레칭이든 유산소든 그 어떤 운동도. 하다못해 바닥에 떨어진 물건을 무릎 편 채 햄스트링으로 주웠을 때도. 감히 상상 못 할 자세인 비둘기가 되고 고양이가 되고 학이 되었을 때 이거 뭔가 되겠다는 감마저 왔다. 살면서 느껴보지 못한 자극을 맛보면 몸은 슬슬 즐길 태세를 갖춘다. 내가 원하는 타깃에 제대로 접근하고 원리만 제대로 적용하면 노동이 아닌 운동으로서 자리매김한다.

지난 6년간 몸과 뇌가 좋아하는 짓을 했다. 거창한 건 아니고 일상 자체로 잘 움직이고 잘 먹고 잘 싸고 잘 잤다. 매일 기록하며 몸의 반응을 살폈다. 내 몸은 어떤 상태를 좋아하고 힘들어 하는지. 몸, 건강, 삶, 습관, 부자 관련 책을 독파하고 강의 들으며 내 몸을 교차 실험했다. 내 몸에 놀라운 변화가 일어났다. 어느 순간 피부가 좋아지고 머리털이 덜 빠졌다. 구부정하던 몸이 일자로 펴지고 떨군 시선은 정면을 향했다. 활력이 솟구치면서 쉽게 지치지 않았다.

틈만 나면 부정적인 생각을 (몸)집으로 끌어들였던 내가, 우울할

새가 없다. 형태로서가 아닌 제 기능을 다하는 몸이 되고서 삶의 주체, 독립된 개체가 되었다. 고통으로부터, 상처로부터, 외모지 상주의로부터, 세상의 시선으로부터 신경 끄기 기술이 발휘되었 다. 몸밖에서 일어나는 움직임에 굴하지 않고 몸속에서 벌어지는 일에 집중하게 되었다. 그 경이로움에, 함부로 대한 지난날에 때로 는 눈물이 나기도 했다. 감사로 하루를 채우는 이유다.

20, 30대 별명은 애늙은이였다. 정신이 어른스럽다기보다는 생 겨먹은 게 그랬다. 20대에는 화장을 쥐 잡아 먹듯이 떡칠했다. 지 금은 로션만 바른다. 20대에는 나풀대는 정장을 갖춰 입었다. 지 금은 티셔츠 한 장 걸친다. 20대에는 감정을 꺼내지 못했다. 지금 은 마음을 그대로 표현한다. 30대에는 뼈에서 뭐가 빠져나가고 퇴행을 일삼았다. 지금은 골밀도와 근육량이 안정궤도를 뛰어넘 었다. 내일모레면 50인 이제 와서 20대 같다는 소리를 (꽤나 자주) 듣는다. 심혈관계 나이도 39세란다. 8년 연하를 데리고 사는 셈.

너무 늦은 나이, 뒤늦은 때라는 건 없다. 현 직장에서 강산이 두 번 변할 때 내 몸도 틀어지고 삐뚤어졌지만 지금은 제자리를 찾 다 못해 더 강력해졌으니. 50대 부장님도, 30대 직원도 딴사람 몸 이 되어간다. 몸이 되면 시간도 거스른다. 불가능도 가능케 한다. 몸에 달라붙는 거라고는 팬티스타킹만 알던 내가 40대가 돼서야 레깅스란 것도 걸쳐보고 거리를 쏘다닌다.

똑같은 일을 하더라도, 결과가 같더라도, 몸 상태에 따라 삶의 빛깔은 천지차이다. 난 다이어트를 하지 않는다. 삶의 질을 위해 몸을 최적화할 뿐. 몸이 최적화되면 삶은 절로 다이어트 된다. 다리 절며 나 좀 살려달라고 트레이너에게 사정사정했던 내가 운동을 가르치고 있으니, 몸 관상은 얼마든지 바꿀 수 있다. 관상이 바뀌면 운명이 변한다는 말, 이젠 믿는다. 내게 반하던 몸이, 내가 반하는 몸이 되었다. 땅만 보던 내가 이제야 하늘 본다.

난 의학박사도, 운동 전문가도 아니다. 타고난 몸 유전자와 금수저를 쥐고 태어난 것도 아니다. 부모 모시고 아이들 키우며 돈벌이하는 아줌마로서 보통 이하의 사람이 보통 수준을 넘겼다. 맛있는 음식 먹을 때 가족이 생각나는 것처럼 더 아프고 더 가능성 많은 이들이 떠올라 글을 쓰게 되었다. 뭐라도 좋으니 일단 움직여 보자. 나와 케미가 맞든(줌바댄스) 맞지 않든(폴댄스) 간에 움직이다 보면 새로운 세계가 열린다. 절대 과대광고가 아니란 걸 백 퍼센트 보장한다.

도배되는 뉴스가 날 부추겼다. 책임감이 들었다. 속수무책으로 당하는 각종 전염병과 자연재해가 그렇고, 청년실업과 캥거루족까지 이어지는 고령화가 그렇고, 장기근속을 자처하는 자살률이 그랬다. 진정한 일상회복은 환경에 의한 것이 아닌 몸의 회복탄력성이다. 20, 30대에 미리 했더라면 하는 아쉬움이 있다. 하지만 후

회는 없다. 부모는 못 먹고 자랐어도 자식이 잘 먹으면 그것으로도 충분히 기쁘니까. 어차피 이제 20대 맛을 느끼니 함께 장단 맞추면 될 일이다.

지구가 종말하지 않는 한, 인간이 멸종하지 않는 한, 세대 차이는 있게 마련이다. 같은 세대라도 차이 나게 마련이다. 다양성 측면에서도 달라야 맞다. 말이 앞서면 관계에 차이가 더 벌어진다. 몸이 앞서면 화려한 차이를 만들 수 있다. 밀레니얼millennial세대와 함께하는 MZmiddle zone세대라서 중년이 그렇게나 좋다. 형식적인 정장은 벗어던지고 나를 그대로 드러내는 레깅스에 몸을 맡겼다. 몸 풀었으니 본운동 들어간다.

봄, 여름, 가을, 겨울 하나 제대로 느끼지 못한 몸이 겨울, 봄, 여름을 지나 가을로 그렇게 무르익어갔다.

여름. 몸에 근육 꽃 피다

가을. 삶이 선선해지다

겨울. 몸이 시리도록 겨울잠을 자다

살아있는 것에 감사하다는
착한 척은 이제 그만

"그 사람 목숨 하나 참 질기기도 하네."

어느 정도 나이가 지긋하거나 죽을 고비를 넘겼을 때 내뱉는 말이다. 세상에 태어나 시간이 한참 무르익은 뒤에나 붙어야 어울린다. 그런 걸 난 세상 구경 하자마자 들었다.

엄마가 나를 임신했을 때 아빠와는 낳지 않기로 합의했다 한다. 낳아서 굶어 죽이는 게 아이에게는 더 큰 고통이라는 생각에서다. 부모님과 오빠가 겨우 들어가는 단칸방에서 그들도 먹을 게 없어 끼니를 건너뛰는 마당에 입 하나 느는 건 큰 부담이었으리라. 더

군다나 엄마는 나를 임신하고 실신과 구토를 일삼았다. 벌어먹는 일거리마저 떨어질 판이었다.

아이가 먼저 떨어져나가도록 엄마는 입속에 약을 털어 넣었다. 그러나 태동은 수그러들지 않았고, 단칸방에서 출산의 진통이 시작되었다. 엄마는 밥보다 약을 더 열심히 먹었는지 불러다놓은 산파가 무색하도록 힘을 주지 못했다. 아이 머리가 밖으로 나왔는데 엄마는 또 실신했다. 어깨까지 빠져나오고 좀 실신하지 타이밍도 참. 아이는 목이 졸렸다. 아이가 막상 보이니 이러다 죽겠다 싶어 그 순간 초인적 힘이 나왔다고 한다. 젖을 먹이기도 전에 젖 먹던 힘까지 썼던 것. 그렇게 난 약물 복용과 목 졸림을 선행학습하며 이 땅에 태어났다. 살아있는 것에 감사하다는 생각을 갖게 되었다. 어떤 상황에서도 콩쥐처럼 지내리라.

죽을 고비 넘기고 나니 이번에는 자동차가 말썽이다. 초등학교 때까지 교통사고를 세 번이나 당했다. 여섯 살 때 생선 파는 용달차에, 열두 살에는 대형트럭에, 막간을 이용해 오토바이에도 치였다. 운전자가 엑셀과 브레이크를 반대로 밟아서, 초록불 보행자 신호를 못 보고 지나쳐서, 우회전 급커브를 해서 당한 것이니 진정 교통사고를 당한 것이다. 그 많은 승용차는 다 피하고 들이박은 차량도 참 특별하다. 이 역시 내 의지는 끼어들 틈이 없었다. 유리파편이 얼굴에 박혀 피투성이가 되거나 공중부양한 몸이 얼굴로 뚝 떨어져 피멍이 잔뜩 들어찼던 터라 중환자실 신세를 졌다. 두 발로 멀쩡히 걸어 나왔으니 살아있음에 감사한 농도는 더욱 짙어졌다.

중고생 된 기념인지 그때부터는 염증을 달고 살았다. 구내염은 입술 안쪽을 떠나 입천장, 잇몸, 혀의 바닥과 뒷면도 모자라 목구멍 길목까지 생겨 기본이 여섯 개였다. 임파선염, 편도선염은 자동 따라붙었다. 위궤양으로 경련이 일어날 땐 등을 펼 수조차 없었다. 위내시경도 남들보다 앞서나간 선행학습인 셈. 그것도 수면 아닌 눈 시퍼렇게 뜨고 하는 내시경이었다. 만성기관지염으로 기침하느라 밤잠 설치니 더 낫지 않는 악순환이었다. 중학생 때부터 자판기 커피로 몽롱함을 달랜 이유다. 마약 성분이 든 약을 먹고 등에 기관지확장제 패치까지 붙였다. 수능시험 보기 전날에는 특별히 기관지확장제가 들은 링거액으로 합격엿을 대신했다. 사람이 한결같아야 한다지만 어디 일관성을 유지할 게 없어 엄마 뱃속에서부터 먹던 약을 나와서도 달고 사나.

빨빨거리던 간호사 생활에서 현 직장으로 이직하면서 새로운 질병이 속출하기 시작했다. 사무실 책상 앞 붙박이 자세가 화근이었다. 모두가 새로운 데다 조직 전체를 다루는 업무까지 맡다 보니 책임이라는 미명하에 몸을 일에 갈아 넣었다. 회사가 식구를 먹여 살리는 게 감사했다. 계약직으로 입사한 신분이라 승진으로 되돌려받고도 싶었다. 회사 안팎으로 불러주는 자리에는 무조건 달려가 분위기를 주름잡았다. 귀여움까진 모르겠고 알코올은 한 몸에 받았다. 팀장을 동기 중에 가장 먼저 달았으니 감사 포인트도 두 배로 적립.

사무실이든 회식 장소든 장시간 고정자세가 뼈에도 영향을 미쳤는지 30대에 척추관협착증과 골감소증을 진단받았다. 중턱도 넘지 않은 30대인데 퇴행성까지 왔다니 타임머신이 고장 나도 한참 고장 났다. 평일에 열심히 일한 대가는 주말에 신경차단술로 보상받았다. 내 앞에 놓인 업무량이 줄지 않는 이상 나만 아는 뼈다귀 문제가 무슨 대수라고. 멀쩡한 척 열정인 척하다 하지정맥류 수술은 두 번이나 받았다. 한번은 조퇴하고 수술 받고는 다음 날 출근, 또 한번은 주말에 슬그머니 받고 월요일 출근.

누가 그렇게 살라고 했나. 통증과 매일 붙어사니 나 자신이 회사에서는 일벌레, 집에서는 돈벌레로 느껴졌다. 아침에 눈떠 새로 맞은 하루에 감사하라는 말을 누군가가 했다면 멱살이라도 잡고 싶은 심정이었다. 안 아프고 안 쪼들리고 사니 그런 소리가 나오지 않느냐며. 자고 일어나면 어느 부위 방사통이 좀 줄었는지 팔다리에 안부 묻기 바빴다. 출퇴근은 회사가 서울일 때는 한 시간 반, 강원도 원주로 이전해서는 통근버스 시간까지 보탠 두 시간 반이었다. 하기야 출퇴근이든 사무실이든 어떤 자세로도 통증이 떠날 새가 없는데 이래저래 우울한 건 매한가지였다.

　몸이건 정신이건 마음이건 속은 잿빛인데 겉으로는 열심히 하는 척, 일 잘하는 척, 강한 척을 한 게 문제라면 문제지 누굴 원망하고 무엇을 탓하랴. 돈, 승진, 명예라는 욕심 품고 괜찮은 척했던 내 안의 3척동자가 문제지. 내가 그럼 그렇지, 내가 하는 일이 다 그렇지, '나' 과녁판에 화살이 빗발쳤다. 거울 속 나와 눈도 마주치기 싫었다. 자신을 보호하는 면역세포인 자신감과 자존감은 바닥나기 일보직전. 제 살 깎아먹는 자가면역세포의 암 덩어리를 끌어안고 사는 듯했다. 평생 이렇게 살 판인데 백세시대고 자시고 수명이 절반이었으면, 생각마저 들었다.

　이 땅에 태어난 것도 어딘가. 약을 그렇게나 먹고도 팔다리 네 개에 손발가락 스무 개나 달린 게 어딘가. 자동차와 박치기해서 이긴 게 어딘가…… 감사를 종용하는 현실이 싫으면서도 할 줄 아는 건 순종밖에 없었다. 겉과 속이 다른 괴리감이 세상에는 나 혼자라는 독도병을 만들었다. 이 병조차 티 안 나게 앓았다. 겉으로 보기에는 세상 활달하고 긍정적이었으니 스치는 감기처럼 앓으면 그뿐이었다.

　몸과 마음에 잡념이 잔뜩 들어찬 채 고개 돌려 멍하니 식구들을 바라보았다. 아들은 틱장애에 비만, 대인기피, 질녀는 긴장형 만성두통에 기형종(내배엽, 중배엽, 외배엽에서 유래한 조직이 혼합되어 생긴, 구조가 복잡한 혼합 종양)으로 응급수술을, 어머니는 심장발작으로 응급 전기충격을, 아버지는 술로 쓰러졌다 일어서기를 반복했다. 답답했던 마음이 얼굴로, 심장으로, 난소로 나타난 건 아닌지. 속이 타들어가 알코올로 소독할 수밖에 없었던 건 아닌지. 우리 모두 표현에 서투른, 참는 게 만성인, 괜찮은 척에 익숙한 사람들이었을지 모른다. 곪은 게 터져버린 것일 수도.

내 몸이 이렇다고 식구들까지 아프게 할 순 없다. 내가 벌지 않으면 다들 제대로 먹지도 못할 텐데 내가 먼저 일어설 수밖에. 비행기 사고가 났을 때 산소마스크도 아이보다 엄마를 먼저 씌우지 않던가. 이대로 가만히 있을 순 없었다. 정신이 번쩍 들었다. 누가 내 가족 건드렸냐며 주먹 불끈 쥐는 영화 속 주인공도 되었다가 내 새끼 보호하려고 으르렁대는 동물의 세계 주인공도 되었다가 조급증과 불안증이 몰려왔다. 세상이라는 악마의 유혹에서 벗어나라는 경고장이다. 내가 기운 차리지 않으면 도미노가 될 판이다. 나부터 서자. 그 생각이 내 몸을 움직였다.

2

병원과 헬스장,
도대체 누구 말을 믿어야 하나

　이래도 한 세상, 저래도 한 세상. 이래도 아프고 저래도 아픈 거, 죽을 때까지 요래 살 바엔 에라 모르겠다 운동이나 해보자. 병원에서는 등산처럼 경사진 곳도 오르지 마라, 척추 부담되니 무게 드는 운동도 하지 마라……, 동네 슬슬 걷는 것 외에는 죄다 하지 말라는 마라탕만 남발했다. 회사에서는 중간관리자로, 집에서는 삼대에 낀 세대로서 하지 못하는 일 태산인데 운동 하나도 내 맘대로 못하나. 내 몸 자체를 제재 받으니 어딘가에 소속된 것보다 더한 자유를 억압받는 기분이었다. 오기가 생겼다. 환자 몸을, 한 사람의 인생을 너무도 쉽게 말했다.

하지 말라는 근력운동 정조준! 동네나 슬슬 걸으라는 걷기운동, 이미 출퇴근으로 매일 차고도 넘치게 하고 있거든요. 그래도 안 되니 찾아간 거 아니겠습니까. 차라리 다 해도 된다 했다면? 뭐부터 할지 막막해서, 막상 하려니 귀찮아서 꿈쩍도 안 했을 수 있다. 병원 문을 나서며 그 길로 집 근처 헬스장에 찾아갔다.

운동 경력이라고는 눈곱만큼도 없다. 그러니 이전 경험과 비교도 할 수 없다. 어느 누구와도 대화에 운동을 소재 삼아본 적이 없다. 그러니 남과도 비교 불가능. 집에서 가장 가깝고 샤워실 안에 몸을 지질 수 있는 탕까지 있으니 그저 좋았다. 버스 타고 대중목욕탕까지 가서 때를 밀고 오는 나로서 이 두 가지를 만족하니 더 이상의 조건은 필요 없었다. 그 즉시 결제했다. 그것도 연간회원님으로. 1개월, 3개월, 6개월, 1년에 들러붙은 단가(1회당)를 본 이상 할부를 해서라도 크게 질러야 하는 법.

병원생활 6년차가 드디어 헬스장 신입생이 되었다. 지루하고 멀게 느껴지던, 길에서 딴 나라 보듯이 간판만 흘겨봤던 헬스장에 드디어 입성했다. 가장 만만한 게 러닝머신이요, 집에서도 나오지 않는 케이블TV를 누릴 수 있는 게 또 러닝머신이니 이것만 매일 해도 뽕을 뽑는 거다. 그런데 러닝머신은 특별한 방법이 없는 듯한데 어째 걸을수록 더 아프다. 조금 걸어도 많이 걸어도 손잡이를 잡고 걸어도 팔을 힘차게 휘둘러도 다리 방사통은 수그러들지 않았다.

사이클로 종목을 바꿨다. 헌데 서서 TV 봤던 것을 앉아서 보는 거 말고는 차이를 모르겠다. 전에는 무릎 펴고 운동했다면 이번에는 구부린 거. 그 외 뭐가 다른가. 지루하기 짝이 없다. 회사에서 종일 앉아 있다가 헬스장 와서도 자전거 안장에 앉아 있으려니 이건 업무의 연장으로 느껴졌다. 몸 때문에 운동은 해야겠고 돈 때문에 백 퍼센트 출석도 해야겠고 한데.

그냥 병원 다니며 주사나 맞을까. 신경차단술 받으면 무리하지 말고 쉬라는데 돈 들여 힘들게 주사 맞고는 돈 들인 운동으로 몸이 더 망가지려나. 헬스장 바로 코앞에 있는 경락마사지나 장기회원권으로 끊을 걸 그랬나. 직장인이자 주부로서 힐링이 곧 치유이자 치료일 텐데. 우유부단의 잔치를 벌이며 헬스장 석 달을 흘려보냈다. 그러던 중 헬스장에서 전화가 왔다. 연간회원 중 출석률이 좋아 PT(개인 트레이닝) 2회를 무료로 해준다며 받겠느냐는 거였다. 상대는 YES, NO로 질문하는 걸 이 시간 되느냐며 바로 스매싱을 날렸다. PT 두 번 받을 때 그동안 손도 못 댄 헬스장 기구를 싹 다 물어볼 심산이었다.

말로만 듣던 PT. 대망의 약속날, 퇴근 후 곧장 달려가 헬스장 로고가 새겨진 티셔츠와 반바지로 갈아입고 데스크 앞을 어슬렁댔다. 첫 만남은 내 체형을 분석하고 인터뷰로 이것저것 체크하다 기억에 남는 운동 없이 끝이 났다. 운동 경력이 없어 인터뷰는 짧디 짧았다. 받쳐주지 않는 몸에게 운동을 가르치려니 더디고 더뎠다. 첫 만남에서 분수를 알게 되니 당초 목표였던 기구 질문에 용기가 나질 않았다. 너 할 일이나 잘 하세요 할까봐. 두 번째 만남은 맨몸으로 하는 스쿼트(스쾃)의 기본기 운동들이었다. 운동을 했다는 느낌보다는 운동의 존재감과 필요성만 간절히 받는 시간이었다. 내가 이래서 식료품 코너에서 시식을 안 하는데, 올 게 왔다. 2회차 때 PT선생님의 마지막 모습은 나쁜 남자 스타일로 자신이 줄 건 다 줬다는 표정이었다. 궁금하면 못 참는 내 스타일과 절묘하게 맞아떨어지는 순간, 주 2회씩 석 달만 해보자, 회사 지방 이전으로 생활지원금도 받았으니 몸에 인심 썼다.

PT를 해도 통증은 금방 가라앉지 않았다. 근육을 써서 통증이 줄어든들 회사 가서 일하면 또다시 부활했다. 이전에 신경차단술 받고 도루묵 되었을 때 드는 허무함과 똑같았다. 사십 평생 이런 몸으로 살았는데 뭔 놈의 팔자를 펴겠다고 PT까지 받나 싶었다. 사람들 만나 술 마시고 회포 푸는 삶에 회귀본능이 일었다. 가뜩이나 퇴근 후 헬스장 간다 하면 회사 동기들은 "평소에 해둔 운동 있으니 오늘은 마셔. 술도 덜 취할 거야. 체력도 중간에 확인해줘야지"였다.

세상 것에 대한 악마의 유혹이 스멀스멀 올라왔다. 기껏 힘들게 노동 같은 운동을 했으면 회사처럼 격려를 하든가 왜 이 운동을 하는지, 뭐가 좋은지 말해주든가 해야 하는 것 아닌가. 운동 시켜 놓고 틀린 곳 지적하며 기술평가만 받는 느낌이었다. 일은 가끔 잘한다고, 고맙다고 칭찬이라도 받지 운동세계에서는 혼만 나는 것 같고 한없이 작아졌다. 만나는 날이 결코 설레지 않았다.

병원과 헬스장. 그 어디에서도 내 통증은 사라지지 않았다. 뭐라도 해보자며 병원에서 하지 말라는 운동한답시고 헬스장까지 왔는데 여전히 내 몸은 그대로였다. 어쩌면 그때 포기했더라면 지금의 나는 없었을 것이다. 운동을 안 하던 사람이 운동을 시작하면 처음이 고비다. 아무 일도 일어나지 않는 그 시간을 견뎌야 운동에 익숙해진 몸이 조금씩 변하기 시작한다. 그 타이밍을 기다려야 한다.

3

나 좀 살려주세요,
아파서 왔는데 더 큰 고통이라니

"회원님, 안녕하세요. 아이비입니다."

PT선생님이라기보다는 TV에 나오는 탤런트, 레드카펫 위를 걷는 모델 같았다. 얼굴은 가수 아이비와도 닮았다. 훤칠한 키와 뚜렷한 이목구비, 찰랑이는 머릿결과 광채 나는 피부, 여리여리한 팔다리. 외모는 들어온 지 얼마 안 된, 이제 막 사회생활을 한 듯했다. 이건 이모뻘 되는 내게 함부로 뭘 시킬 것 같지 않은 이상야릇한 예감. 허리부터 전해 내려오는 통증과 등부터 거슬러 올라가는 통증까지 나의 흑역사도 꾀고 있었다(인계하고 떠난 전임자의 의리). 가쁜 호흡과 저질 체력, 기우뚱 비대칭도 찰칵. 손끝 발끝 정수리까지 뻗치는 방사통은 두세 개 맛보기 동작으로 낌새챘다. 이쯤 되면 운동을 외모처럼 여리여리하게 시킬 공산이 크다. 살살 굴릴 것 같은 직감이 현실화되는 순간이다. 아침 여섯 시. 50분 수업 레디 액션.

"오늘은 첫날이니 하체 위주로 할게요."

지난번 남자 선생님은 손볼 곳이 많아 그런지, 잠든 근육부터 깨우려는지 하루에 여러 부위를 했다. 이번에는 스쿼트를 얼마나 잘하는지, 힘을 조절할 수는 있는지 두고도 볼 겸 일단 맨몸으로 시켰다. 운동기구는 레벨업 되는 승자들의 좌석인 건가. 다리를 부들부들 떨며 벌서듯이 앉았다 일어섰다. 너무 금방 끝나 그런지 쉬엄쉬엄 다정하게 이야기도 건넸다. 이번에는 벽에 등을 붙여놓고 스쿼트를 했다. 레그 프레스라는 기구에서도 했다. 하루 만에 기구에 앉은 걸 보니 기구는 레벨업이 아니라 하향평준화 도구였다. 그래도 하체만 한다고 했으니 다른 부위 긴장은 열중쉬어. 체계적이라는 느낌과 편안함이 몰려왔다. 역시 여자의 마음을 알아주는 건 여자.

상체운동 날이었다. 뭔가를 들어올리고(데드리프트) 몸으로 당기고(로우) 몸을 젖히고(백익스텐전) 몸을 들어올리면서(친업) 쉴 틈없이 등을 자극했다. 각종 기구 사이를 드나드는 것조차 유산소운동으로 느껴졌다. 심지어 턱걸이 기구 밑에 벤치를 갖다놓고 점프해서 매달리게 하고는 벤치를 치우는 게 아닌가. 수영장에서 발이 땅에 닿지 않았을 때의 공포를 하늘에서 느꼈다. 운동 효과라기보다는 무서워서라도 팔을 바들바들 떨며 천천히 내려올 수밖에 없다(체력장 매달리기 1초였던 사람이에요). 그냥 확 떨어져 그만둘까 하던 찰나에 PT선생님은 내 몸을 잡고 철봉 위로 붕 띄웠다. 아, 또 천천히 내려올 수밖에 없다(임신 때 무릎 골병든 여자예요). 날 살려주는 건가 죽이는 건가. 언제까지 이러나 싶을 때 "회원님, 아주 잘하고 있어요. 등근육이 아주 그냥……." 이 소리에 등운동인지 팔운동인지 어금니운동인지 모를 안간힘으로 또 하고야 마는 나. 자투리 시간도 탈탈 털어 기구에 매달린 바를 잡고 서고 앉고 부지런히 바꿔가며 근육 구석구석까지 자극했다. 다음 코스로 이동하는 사잇길이 쉬는 시간일 줄이야. 선생님은 나보다 더 빨리 뛰어가 다음 동작을 세팅했다. PT 받는 꿍꿍이가 러닝머신 죽순이 탈피와 기구 조작법 도용이라 빠른 진행이 반갑긴 하다만 몸은 '아 좀, 그만'을 외쳐댔다. 그날 목표는 기필코 하고야 마는 성향(나 말고 선생님)이라 50분을 넘긴 적도 많았다.

"선생님, 저 다음에 바로 하는 회원도 있고, 선생님도 좀 쉬셔야죠."

"괜찮아요. 그 회원님 아직 안 오셨어요. 바로 수업하는 거 익숙해요. 두 세트 마저 하시죠."

센스 있게 헬스장에 빨리 도착해 PT선생님 가시권에서 어슬렁대는 다음 회원님. 구세주!

"아이고, 다음 회원님 벌써 도착하셨네요."

"지금 배운 동작 3세트 마저 하시고요. 알려드린 대로 러닝머신 20분 이상 하고 가세요."

"오늘은 첫날이니."

여리여리한 청순가련형 그때가 좋았다. 첫사랑은 이루어지지 않는 법. 첫인상도 그랬다. 운동 반 대화 반이던 지난 PT선생님이 슬슬 그리워지는 건 마음 짓인가, 몸의 짓인가. 이젠 운동과 운동 사이, 운동 효과를 위해 쉬는 타임에만 대화했다. 선생님은 화제 전환에도 능숙해 질문에 답을 하다 보면 방금 운동이 힘들어 죽겠다느니 징징거릴 기회조차 사라졌다. 할 말을 깜빡 잊은 채 몸 공장은 돌아가고 있었다. 병 고치려고 지불한 PT 비용 생각하면 그녀는 충분히 '잘했군 잘했어'다. 하기 싫어증(실어증)에 걸린다는 건 충분히 먹고살 만하다는 것. 그래, 마음도 고쳐먹고 몸도 고쳐먹자. 몸은 갈 길 멀고 운동은 알 길 머니 일주일에 두 번 꿩 먹고 알 먹어보자. 흐르라고 존재하는 게 시간이니.

스쿼트가 가로로 다리를 벌렸다면 런지는 세로로 벌린다. 비대칭 골반과 발목으로 피하고 싶은 동작이다. 두 다리는 흔들다리였다. 제자리에서도 힘든 걸 양손에 덤벨(아령)을 들고도 하고 스텝 박스에 앞발을 올려서도 하고 벤치에 뒷발을 올려서도 한다. 심지어 런지 걸음으로 헬스장 투어까지 했다. <걸어서 하늘까지> 노래가 절로 나온다. 하늘이 노랗고 눈앞이 캄캄해 워킹런지는 지금 하라고 해도 멈춰야 비로소 보이는 것이다. 기구운동 하는 사람들이 놓인, 가로수길 같은 그 사이를 뚫고 가노라면 중간에 멈출 수가 없다. 그들 코앞인 데다 넘어지기라도 하면 하루아침에 스타 되는 길이다. 오만 가지 생각이 흔들다리를 버티게 했다. 역시 미싱은 잘도 돌아가고 시간은 잘만 흘러간다. 어느새…….

　스쿼트 하는 어깨에 40㎏ 넘는 무게들이 얹혀졌다. 복부에 두툼한 벨트도 찼다. 바벨(역기)과 손목을 한데 엮은 밴드까지 고정. 어깨에 뭔가를 얹지 않은 날도 날로 먹진 않았다. 높게 뛰어올라 천천히 착지하는 점프 스쿼트나 와이드 스쿼트를 했다. 심장이든 허벅지든 터져 죽을 것 같은 고통은 그놈이 그놈이었다. 철봉에 매달려 내 몸통을 끌어올려주던 손길도 어느 순간 뚝 끊겼다. 밴드에 다리 하나 끼워 턱걸이를 하게 했다. 팔굽혀펴기의 성공 기쁨도 잠시, 양손 밑에 푸시업바가 잡히질 않나 발밑에 흔들대는 보수가 끼질 않나. 팔다리가 터져 나가는 것도 문제지만 숨이 차서 넘어갈 지경이었다. 내가 언제 노란 하늘을 봤더라. 아이 낳을 때가 있었네. 아이고 고맙기도.

사람을 너무 과대평가하신 거 아닌가요? 내 독백을 듣기라도 한 듯 "힘이 이리 좋으신데 하셔야죠"와 "가능하다"에 또 말려든다. PT 받은 다음 날은 계단과 지퍼 달린 상의는 금지다. 가만히 있어도 다리가 후들거리고 등이 가려워도 긁지 못했다. 근육을 40년 놀려 몰빵으로 얻어맞은 듯했다. 분위기는 하기 싫은 일도 마다않게 흘러갔다. PT선생님과 나 사이에 보이지 않는 줄다리기가 이어졌다.

(P) 도저히 못 하겠다는 소리가 발 들이지 않도록 목표 향해 야금야금 전략.

(I) 팔다리 방사통만 없애는 게 목표.

(P) 눈으로 응시해 옴짝달싹 못하게 만드는 '누네띠네' 근육.

(I) 등에 눈이 달렸나, 빨래하기 싫어 헬스장 옷 입는데 뭔 놈의 근육.

(P) 칙~~칙~~폭~~폭~~ 시작해 은근슬쩍 칙칙폭폭 내달리는 몸의 변화.

(I) 사는 데 지장 없고 아프지 않으면 장땡, 아줌마가 뭔 놈의 변화.

"회원님, 이제 운동복도 좀 사서 입어 보실래요? 자란 근육도 볼 겸 운동을 잘 하는지도 볼 겸……. 제가 사놓고 입지 않은 옷이에요." 파란색 민소매 티를 주었다. 등판이 남세스럽게 훤히 다 나왔다. 옷만 새파랗게 젊은 게 헬스장 반바지와는 불협화음이다. 바지를 살 수밖에 없다. 역시 고단수. 배에 튼 살 가려주는 레깅스를 어디서 파는지 운동복 브랜드는 뭐가 있고 내게 어울리는 색은 무엇인지 코디까지 해주었다. 옷이 날개라더니 옷이 달라지니 근육 붙는 속도도 날개 돋치듯 했다. 옷에 몸을 끼워 맞춘 건지 옷밖으로 변한 게 확연히 드러났다. 운동 실력까지 끌어오를 때쯤 건강식단도 알려주었다. 먹는 것까지 제재하면 어디로 튈지 모를 인간인 걸 눈치 챘는지 그동안 술이니 피자, 떡볶이, 라면 얘기에도 묵묵히 눈감았던 것. 외모만 여리여리지 전술은 군인이다.

  그녀를 처음 만났을 땐 내 몸에 정신까지 털린 상태로 "나 좀 살려달라"고, 막상 운동을 배울 때도 쌍욕 나올 정도로 힘들어 "나 좀 살려달라" 했다. 근데 내가 어디가 아팠었더라. 결국, 날 살렸다. 몸, 맘, 삶에서. 더 아프게 만들어 원래 아픈 곳을 밀어내는 작전일지언정 충분히 속아넘을 만하다.

  뼈아프고 나니 뼈저리게 느낀다.

헬스장에서 씻고만 나온 건 아니에요.
여섯 시 땡순이

닭이 먼저냐 달걀이 먼저냐. 의지가 먼저냐 행동이 먼저냐. 난 환경이 먼저였다. 헬스로 운동이란 걸 만나긴 했다만 꽤나 재미없었다. 그나마 귀에 못이 박히도록 들은 가정환경이 거들어 버틸 수 있었다.

'누군가와의 약속은 세상이 무너져도 지켜야 한다.'

'돈을 들였음 본전을 뽑아라.'

'땅을 파봐라, 10원 한 장이 나오나.'

'나갈 땐 뒤 좀 돌아봐라. 전기세, 물세는 하늘에서 내준다냐.'

'머리를 말렸으면 바닥 좀 쓸어라. 빠지는 놈 따로 있고 쓰는 놈 따로 있냐.'

이상을 종합하면 헬스장에 가지 않을 이유가 없다. 원주 출퇴근으로 밤 열 시에 PT를 받았다. 퇴근 후 도착하면 어차피 씻어야 하고 집의 수십 배에 달하는 헬스장 목욕탕이 잔소리 피신처로도 딱이었다. 고속도로를 타고 올라온 터라 헬스가방보다는 목욕가방에, 운동복보다는 수건에 더 목말랐다. 그러자니 씻으러 다니는 아줌마로 인식될까봐 남의 눈치도 보였다. 가뜩이나 헬스장 입장도 얼굴 인식 센서다. 샤워장 밖에서 움직이는 시늉이라도 하자.

밤 열 시. 사람들이 서서히 줄어드는 시간이다. 목욕탕에서 낯가림 없이 충분히 몸을 지질 수 있는 시간. PT 없는 요일이 문제였다. 헬스장 입구부터 샤워장까지 가는 길이 정중앙으로 나 있어 직행하기가 어려웠다. 마치 예식장 레드카펫 입장 같았다. 왼쪽은 유산소, 오른쪽은 근력으로 나뉘었다. 왼쪽은 뛰고(러닝머신) 굴리고(사이클) 밟고(스테퍼) 당기느라(로잉) 땀이 흐르는 곳이었다. 오른쪽은 무게에 도전하는 근육들로 쇠 소리와 괴성이 흐르는 곳이었다. 도저히 헬스장 입구에 있는 수건만 집어 들고 샤워실로 행진할 순 없었다.

어차피 씻는 데 소요되는 시간에 수도세, 전기세, 수건과 운동복 빨래. 머리카락 청소, 주말 대중목욕탕 비용…… PT선생님과의 약속보다도 강한 결속이 생겼다. 30분 목욕이 세 시간 같은 50분 운동보다 좋긴 좋았다. 운동 반 목욕 반으로 한 주를 보냈다. 자기 합리화와 죄책감도 반반이었다. 3개월 고비는 넘겼다.

그러던 어느 날 밖에서 열심히 운동하는 사람들이 보이기 시작했다. 나 자신이 초라하게 느껴졌다. 헬스장 옷을 입었을 때나 퇴근 옷차림으로 목욕탕에 직행할 때나. 저들은 진정 운동이 목욕보다 좋은 걸까. 좋은 일을 지연시키는 걸까. 좋은 걸 더 만끽하려는 걸까. 궁금하기도 하고 정정당당이고도 싶었다. 땀부터 흘려보기로 했다. 넌 왜 땀이 안 나느냐는 소리를 듣고 자란 사람으로서 이건 대단한 결심이다. 땀이 물로 씻겨 내려갈 때의 느낌이 궁금해졌다. 가슴 고랑으로 흐르는 땀에 전율을 느낀다던데 내장 속에서 음식물이 꿀렁꿀렁 하는 것만 느껴봤으니. 헬스장 구조, 감시의 눈, 분위기 맞춘 음악이 나를 운동으로 유도했다.

운동한 지 6개월. 또 한 고비 넘겼다. 축하선물처럼 때마침 서울 근무지로 발령이 났다. 헬스장 개장시간 여섯 시. PT도 동시 오픈. 씻고 밥 먹고 출근하는 시간을 감안한 계산이다. 아직까지는 운동 잘 되는 시간이 사유일 리는 없다. PT선생님과 만날 때 자다 깬 모습으로 들뜬 머리에 찜찜하긴 했지만 한 시간만 참으면 된다. 6개월이 무시할 수 없는 시간이긴 했나보다. 운동하던 패턴이 나도 모르게 몸에 배어 의리와 양심이란 게 생겼다. 목욕탕과 헬스장은 엄연히 구별된다는.

　아침 여섯 시. 주변을 의식하지 않아도 되는, 헤이해질 수 있는 시간이 아니었다. 변수가 많은 밤시간에 비해 누구에게도 방해받지 않는 시간이었다. 낮 동안 시달린 몸과 달리 밤새 편히 지낸 몸의 시간이었다. 머리도 맑아 운동할 때 집중이 잘되었다. 여섯 시에 맑은 건 비단 목욕탕 물만은 아니었던 것. 밤 열 시에는 젊은이와 남성이 많았다면 아침 여섯 시는 70, 80대 여성이 많았다. 안 씻고 출근하는 날이 없듯이 여섯 시에 헬스장 빠지는 날도 줄었다.

　이건 또 무슨 광경인가. 70대 어르신이 러닝머신에서 선수처럼 뛰질 않나, 벤치에 누워 레그레이즈(다리를 오르내리는 복근운동)를 흔들림 없이 하질 않나, 기구와 매트를 오가며 운동하는 솜씨가 어제오늘 쌓은 실력이 아니었다. 이른 아침이라 그룹운동 수업이 없어 그 공간에서는 요가모임도 하고 있었다. 진정 운동의, 운동에 의한, 운동을 위한 여섯 시였다. 나이를 헛먹었구나. 새파랗게 젊은 내가, 실력도 하수인 내가 잿밥에만 신경 쓰다니. 운동 분위기는 전염성이 강했다. 분위기를 탔던 걸까. 어느새 운동을 하면 할수록 중간에 끊고 가는 게 더 힘들어졌다. 한 세트 더 하고 싶은데, 다른 부위도 하고 싶은데, 유산소도 하고 싶은데. 내게도 이런 전율이 느껴지기 시작했다.

어르신들은 '여섯 시 내 식구'처럼 나를 반겨주었다. 샤워하고 나갈 때도 샤워기로 바닥에 물을 뿌려주었다. 집에서 만들어 온 음식도 한입 들라며 나눠주었다. 써보니 좋아서 하나 더 샀다며 화장품과 운동복까지 주었다. 물질에 약한 나. 더 열심히 해야지! 70, 80대 눈엔 내가 귀여워 보였는지, 운동세계에서 군기 잡는 스타일인지, 어쩌다 헬스장에 하루 빠지면 다음 날 안부인사는 출석체크였다. 운동을 하면 연대의식이 생기는 건가. 연대의식으로 선(善)도 따라붙는 건가. 호기심이 운동을 부추겼다.

"어떻게 그리 꾸준히 운동할 수 있어요?" 질문도 꾸준히 받는다. 시작은 씻기였지만 시간이 쌓여 의지가 만들어졌다. 시간을 채우다 보니 근육이 붙었고 몸이 변했다. 당장 나타나는 결과가 아니라서 급한 성격에 긴가민가 흔들리기도 했다. 그럴 때마다 '그냥'에 몸을 맡겼다. 전보다 몸이 가벼워져 덜 피곤하다. 이 맛을 보면 과거 몸으로 돌아가고 싶은 생각이 사라진다. 컨디션도 컨디션이지만 거울에 비친 모습이 변하면 그때부터 운동 전으로의 회귀본능은 멀어진다. 한겨울에 보일러를 끄지 않고 '외출'로 나가는 이유다. 에너지를 다시 끌어올리는 게 더 힘들다. 돈 몇 푼보다 더한 본전을 뽑았다. 전기세보다 중요한 게 내 몸의 에너지다.

꾸준함은 내 의지로 될 일이 아니었다. 환경 설정이 열쇠였다. 적당한 감시가 무관심보다 낫다. 커피숍에서 공부가 잘 되는 이유다. 뇌는 강제성이 부여될 때 나에 대한 관심으로 착각한다. SNS도 강제적 책임 부여다. 사람, 장소, 시간이라는 환경은 지속성의 대변인이다. 싫증을 금방 느끼고 새로운 걸 좋아하는 우뇌형 나로서 싹수가 다분하다.

스포츠심리학에서도 6개월 넘긴 운동을 안정권으로 본다. 여섯시도 날 살렸다. 오전 여섯 시가 여섯 시 퇴근도 보장했으니. 이젠 더 이상 목욕가방에 농락당하지 않는다. 코로나19로 샤워장이 모두 폐쇄되었을 때 땀에 젖은 채로 돌아왔다. 시간대 설정 없이 틈나는 대로 움직인다. 지겹던 유산소운동도 딴생각하다 보면 어느새 끝난다. 괴롭던 근력운동도 근육 자극을 느끼다 보면 어느새 끝난다. 환경에 적응하면 절로 굴러간다. 그때야 비로소 내가 왜 운동을 하게 되었는지 목적과 이유도 분명해진다. 그동안 땡볕과 열탕으로 내 몸을 데웠다면 이젠 직접 움직여서 몸을 달군다. 수동적 땀과 적극적 땀은 짠내 자체가 다르다. 주변이 나를 운동 땅순이로 만들었다. 아침마다 헬스장에서 씻고만 나온 것도 아니었다.

마흔까지 찬물샤워를 못했다. 여름에도 뜨거운 물로 샤워하고 겨울 솜이불을 덮고 잤다. 늦가을부터 늦봄까지는 내복의 계절이었다. 동물을 부러워했던 건 겨울잠이 있는 것. 몸이 변한 후 계절, 날씨 상관없이 내 몸에 열선이 깔렸다. 샤워의 엔딩 크레디트는 단연 찬물이다. 따뜻하고 차갑다는 1차원적 감각을 떠나 피부 노화는 물론 교감신경계가 들끓는 걸 느꼈기 때문이다. 찬물 끼얹는 소릴 마다할 이유가 없다. 매일 아침 샤워로 온냉요법을 하면 아드레날린이고 에스트로겐이고 간에 모든 호르몬이 나를 위해 존재하는 것 같다. 세상이 나를 중심으로 돌아가는 듯한 활력을 느낀다. 더운 거 추운 거 하나 못 견디고 배고픈 거 졸린 거 하나 못 참던 사람이 체력으로 항상성을 유지한다. 어쩌면 기쁨을 보류하고 현재를 감수하는 일은 운동보다 샤워가 선배일 수도.

저마다 살아온 배경, 나만의 가치관, 내가 좋아하는 그 무엇이 있다. 하기는 싫은데 필요한 일이라면 아킬레스가 될 만한 계기를 찾자. 코 낄 미끼 말이다. 동기로 작용한 게 보상이 되고 예상치 못한 인생길이 된다. 하다 보면 잘 하게 되고 잘 하면 좋아하게 된다. 그만두기가 더 어려워지는 순간이 온다.

글을 마칠 시간이다. 땡순이답게 여기까지만.

겨울 신호탄이 없었더라면
지금쯤 몸이 칠순 맞을 뻔

추위를 많이 타 4월까지 내복을 입었다. 가뜩이나 바람 불면 손목 발목 무릎 하다못해 이까지 시린데 겨울은 이래저래 뼈저리게 했다. 임신 때 22kg 늘었다. 막달까지 지하철 세 번 갈아타 한 시간 반 걸려 출근했다. 예정일이 지나도록 깜깜 무소식 산통으로 등산까지 했다. 그 덕에 보기 좋게 무릎이 나갔다. 30대 초 골감소증을 진단받았다. 아이가 배 밖으로 나와서도 발목을 삐끗해 접질리는 경우가 허다했다. 그 덕에 한쪽 발목과 고관절이 우향우였다. 구둣방에서 신발 밑창 가는 게 루틴이었다.

아이를 낳자마자 집에서 세숫대야에 셀프 좌욕을 했다. 집과 회사를 오가며 수동 유축기로 모유를 부지런히 짜댔다. 그 덕에 손목에는 저릿저릿 전기팔찌를 찼다. 비가 오면 빗소리에 커피 한잔이 생각난다는데 비가 올 낌새를 알아채는 손목으로 굳이 커피잔을 들고 싶진 않았다.

부모가 일찌감치 여의살이 시킨 양 20대에 취직-결혼-임신-출산을 마쳤다. 30대는 20년 업보에 잔병들을 쌓아갔다. 환절기 때마다 찾아오는 염증(기관지염, 습진, 결막염, 비염, 이하 생략). 감성이 아닌 생리적 현상으로 눈물 콧물 질질 짰다. 찬바람 불면 기존 질병과 뉴 페이스가 뒤엉켜 그나마 봐줄 계절은 여름이었다. 공공시설이 아닌 이상 선풍기와 에어컨은 쐴 일이 없었다.

30대의 클라이맥스는 척추관협착증이다. 이제 막 20대를 마치고 앞자리에 '3'이 붙은 것도 서운한데 60대의 퇴행성이 왔다. 어째 나이 들면서 병이 줄기는커녕 이자만 붙는지. 이렇게 가다가는 골골대며 100세 시대를 맞을 것 같았다. 생각만 해도 등골이 오싹했다. '신세'만큼 싫은 단어가 '민폐'다. 남 눈치만 보다가는 온전한 정신으로 살지 못할 것 같았다.

학창시절에 학원은 못 가봤어도 엄마 손잡고 병원은 뻔질나게 다녔다. 몸이 이러니 밥 한 끼 거르는 건 집안의 큰일이요, 잠이 부족한 건 세상 무너질 일이었다. 가정환경이 몸에 배어 어른이 되어서도 밥을 거르거나 잠을 줄여가며 일할 때 그렇게 서운할 수가 없었다(중증 건강염려증). 하루 세 끼, 8시간 이상 수면이 훈육에 의한 강박으로 자리 잡았다.

뭐든 한계점이 있다. 고무줄도 늘어나다 결국 끊어지는 지점이 있다. 나의 질병 그래프는 X축 나이에 따라 상승곡선을 타다 척추관협착증에서 임계점을 맞았다. 임계점은 운동으로 안내했고 터닝 포인트가 되었다. 운동이 꺾은선그래프를 만들었다. 지평 너머의 시간, 장소, 사람을 만나게 했다. 새로운 자극은 줄줄이 딸린 병들을 하나둘씩 밀어냈다.

지나고 보니 이런 순환이 순리였다. 신호가 있고 신호에 반응하는 몸이 세상의 원리였다. 모르는 척 우주를 거스를 것인지 진리의 반응을 따를 것인지는 나의 선택이다. 신호탄에 감사하다. 무기력에 갇혔다면 신호를 보지 못했을 텐데, 우울함만 내세웠다면 못 들은 척했을 텐데 몸의 소리에 귀 기울인 마음에도 감사하다. 30대에 60대 뼈, 이대로 가다가는 40대엔 70대로 뼈도 못 추릴 뻔. 독박질병, 독박육아, 독박경제……. 도박처럼 빠져들던 아픔의 신호가 없었다면 몸 그래프는 교란되어 예상치 못한 정점을 찍었을 것이다. 만약 20, 30대에 아픈 데 하나 없이 힘이 불끈불끈 치솟았다면 밤샘 놀이에 빠졌을 게다. 루틴은 딴 세상 이야기, 머나먼 삶이었을 수도.

그동안 있던 병들이 사라졌다 해서 다시 생기지 말라는 법도 없고 나이와 함께 새로 맞이할 병도 있게 마련이다. 질병 개수나 들고나는 현상보다 중요한 건 내게 찾아온 질병을 어떻게 바라보느냐다. 그 많던 잔병들이 싹 사라지고 아토피피부염을 얻었다. 복잡한 게 인간이듯 질병의 원인도 복합적이라 이유는 알 수 없다. 나타났다 사라지는 검은 별과 같아서 얽매일 필요도 없다. 결과적으로 아토피피부염 덕분에 술도 끊고 건강 습관을 유지한다. 음식, 수면, 운동, 마음 상태…… 하나 내어주고 열을 얻었다.

질병은 축하받을 신호탄이다. 손을 쓸 수 없는 지경에 이르러서 뒤통수 맞느니 지금 나타난 경고에 감사할 일이다. 신호탄 없이 극단적 선택을 하는 경우는 얼마나 황망한가. 암에 걸린 후 생활 습관을 고쳐 자연치유된 사례도 수많은 책에 소개됐다. 내게 나타난 질병 경고등은 풍악을 울릴 만큼 반가운 경적이다. 질병을 대하는 시선이 바뀌니 내가 겪은 건 새 발의 피, 가려움에 불과했다. 내가 생각하는 믿음이 몸을 변화시키는 최고의 명약이었다.

심신의학의 개척자 존 사노는 『통증혁명』에서 통증이 나타나는 시점을 이렇게 설명했다. "신체에 영향을 주는 사건이 아무리 통증의 주범임이 분명해 보일지라도 단지 방아쇠 역할에 불과하다는 점을 기억해야 한다. 통증의 원인에 대한 해답은 환자의 심리 상태에서 찾아야 한다. 돈이나 건강상의 문제와 같이 골치 아픈 이유도 있지만, 결혼을 하거나 아이가 태어나는 것처럼 즐거운 경험도 통증의 원인이 될 수 있다." 통증은 억압된 분노, 불안이 마음에 보내는 신호라며 척추관협착증도 '하지 마라'에 갇혀 더 움직이지 않는 게 문제라 했다.

말썽만 피우고 볼품없다 치부된 몸이 서서히 달궈지면서 내복 없이 봄을 봄답게 맞이한다. 추우면 얼음장 같고 더우면 불꽃같던 몸도 이젠 환경에 굴하지 않는 온기가 들어찬다. 운동은 변온동물 같던 인간도 항온동물로 되돌린다. 매화는 추운 눈 속에서도 꽃을 피워 설중매雪中梅이기도, 봄에 붉은 꽃을 피워 홍매紅梅라고도 불린다. 이를 두고 소설가 김훈은 『자전거 여행』에서 "나무가 몸속의 꽃을 밖으로 밀어내서 뿜어져 나오듯이 피어난다"라고 표현했다. 꽃이 피는 시기와 색깔은 저마다 다르다. 더 아름답게 피려는 겨울의 몸부림, 몸 봉우리가 있기에 봄도 찾아온다.

얼음장 강물 속에서도 물은 흐른다.

얼어붙은 땅에도 봄은 찾아온다.

봄. 슬슬 움직여 몸을 데우다

6

나잇살 주름살에
근육 보톡스 맞다

    물에서만 입는 비키니는 내게 물 건너간 이야기다. 아이 낳기 전에는 뱃살, 이후는 튼 살 때문이다. 운동하면서 근육 결을 얻긴 얻었다만 바디 프로필 준비하며 살을 다시 봤다. 억지로 뺀 살은 쭈그렁망탱이로 폭삭 늙는다는 사실. 돌도 씹어 먹게 생겼다는 사람을 보는 사람마다 '불쌍하다'고들 하니 그 소리가 스트레스였다. 출산 후 유지하던 53kg을 47kg까지 기껏 줄였더니 돌아오는 건 가없은 눈초리였다. 살을 걷어내 근육이 선명해서 좋긴 좋다만 얼굴과 목이 주름졌다. 바디 프로필과 다이어트라는 건 그 길로 마침

표 찍었다. 이벤트 없이 내 패턴대로 건강하게 움직이고 건강하게 먹기로 했다. 나이 먹으면 얼굴살이 배로 내려간다는 둥 얼굴살 빠지는 건 숙명이라는 얘기들을 한다. 근육이 좋아하는 짓을 하니 얼굴과 배가 뒤집혔다. 나이 들수록 내장지방은 홀쭉해지고 얼굴은 통통하게 차올랐다. 색깔만 사과 같은 얼굴이 이젠 '혈색 좋다'고들 한다. 외로우리만치 그 누구도 불쌍하게 보질 않는다.

운동 초반에는 오로지 살에만 관심 있었다. 진정 '살로만'시대. 몸무게와 살덩이 부피로 수박 겉만 핥았다. 출렁이고 밋밋한 팔에 능선이 그어지기 시작했다(데피니션definition: 근육의 선명도). 몸의 경계는 관절인 줄로만 알았는데 어깨라인도 갈라지기 시작했다(세퍼레이션separation: 근육의 갈라짐). 등줄기로 흘러내린 땀처럼 등판에 결이 나기 시작했다(스트레이션striation: 근육의 줄무늬). 앞에서도 말했듯이 임신 때 22kg이 늘었다. 이는 살이 늘어질 대로 늘어졌음을 시사한다. 배부터 허벅지까지 살이 트다 못해 흘러내렸다. 튼 살 자체가 데피니션과 세퍼레이션.

엄마와 대중목욕탕을 가면 꼭 내 등을 먼저 밀어주었다. 돋보기를 벗었어도 내 배에다 대고 '80대 어르신' 하며 때밀이 장유유서란다(20대 자식에게 할 소리). 배에 식스팩을 장만하면서 움직임에 따라 11자 복근, 10팩 복근으로 배치도 달라졌다. 복근으로 튼 살이 흐지부지되었다. 그렇다고 피부시술 받은 것처럼 어디 달아나진 않는다. 튼 살이 근육 결에 묻어갈 뿐이지만 호박에 줄 그으니 수박 되더라. 수박 겉도 제대로 핥으면 되더이다.

어깨부터 시작해 허벅지, 종아리까지 움직이는 대로 근육은 밑줄 긋기를 했다. 깡마른 체형(외배엽)이었다면 단시간에 근육을 못 봐 내 성질상 운동해도 소용없다 소리를 내뱉었을 거다. 세상 공평하게도 살집이 적당히 있는 대신 움직이는 만큼 근육이 붙는 체형(중배엽)이다. 물론 체형을 떠나 근육 타깃을 잘 잡아 낚아챈 것도 없지 않다. 내 몸에 선 긋는 데 재미 들려 체육시간인지 미술시간인지도 모르게 몸은 이미 헬스장에 도착해 있었다. 계란찜처럼 부풀어 있던 살집에 변성이 일어나다니. 해부학 책에서 보던 근육을 내 몸에서 보다니. 다비드 조각상에서 보던 결을 내 몸에서 느끼다니. 아침에 눈 뜨니 스타 된 기분이었다. 40년 빚은 민무늬 몸이 빗살무늬토기가 되었으니 마냥 신기했다. 호수에 빠져 수선화가 된 나르키소스(나르시시즘)의 기분 탓만은 아니었다. 하도 신이 나서 그런지 컨디션은 고용량 복합비타민을 먹어치운 기운이었다. 기분 좋으니 또 피부가 좋아지고…… 근육 뫼비우스 띠랄까. 당최 근육이 뭐길래.

근육이란 질긴 힘줄로 뼈와 연결되어 근육이 오므라들면 뼈를 잡아당기고 근육이 늘어나면 뼈를 놓는다. 팔만 보더라도 구부리면 앞쪽 두갈래근(이두근)이 수축하면서 뒤쪽 세갈래근(삼두근)이 늘어난다. 팔꿈치에 손대어보면 뼈가 잡아당기고 놓는 걸 느낄 수 있다. 결국 빗살무늬 결은 뼈와 뼈가 만나는 관절을 축으로 근육이 수축하고 이완한 힘의 결정체다. 한곳에서만 움직이면 질릴까 봐 몸은 친절하게도 뼈가 206개나 된다.

뭔가를 갖기 전에는 선망의 대상이지만 갖고 나면 좀 더 깊이 들어가고픈 욕망이 생긴다. 겉에 드러난 테두리보다 안에 담긴 메시지가 더 소중해졌다. 주름살은 세월이 훑고 간, 지나온 흔적을 나타낸다. 얼마나 가슴 졸이고 살았는지를 담아낸 마음의 정적지표다. 미간 찌푸리고 걱정을 사서 지냈다면 주름진 흔적이, 평온하고 고요했다면 판판한 결로 드러날 것이다. 근육은 얼마나 움직이고 살았는지를 나타내는 동적지표다. 팔다리를 부지런히 휘둘렀는지 바른 자세로 머물렀는지를 담아낸다. 현재 내 움직임이 곧 근육 나이테다.

뭐 눈엔 뭐만 보인다고. 근육 결이 세세하게 잡히면서 시력도 좋아졌다. 산의 능선만 보이던 게 나무 하나하나가, 갈색은 나무요 초록은 이파리이던 게 잎사귀 무늬까지 보인다. 구름도 어느 날은 복근이, 어느 날은 엉덩이 근육 모양으로 두둥실 떠다닌다. 물건은 또 어떻고. 가구, 벽지, 바닥은 물론 옷, 가방, 문구류, 주방용품까지 줄무늬 잔치다. 집구석에 쌓인 먼지까지 결을 그리고 있다(게으름의 잔근육 발달). 해부해보면 몸속 근육도 결이 다 다르다.

직선, 대각선, 곡선은 물론 가로, 세로, 민무늬까지 다양하다. 결대
로 움직이거나 결대로 풀어주면 운동 효과와 스트레칭 효과가 훨

씬 높아지는 이유다.

근육 결과 함께 혈관도 울룩불룩해졌다. 20, 30대는 링거 맞을 때 혈관을 한 방에 못 찾아 간호사 손바닥으로 숱하게 얻어맞았다. 주사바늘보다 손이 더 맵다. 실컷 얻어맞고는 팔도 아닌 손등 혈관에 바늘이 꽂혔다. 이젠 건강검진에서 피를 뽑을 때마다 이런 소리를 듣는다. "고무줄을 묶을 필요가 없네요. 혈관이 아주…… 주먹 꽉 쥐지 마세요." 운동하며 잡힌 물집, 굳은살, 피멍……, 주름살만 아니면 그 어떤 것도 대환영이다. 근육 튀어나오지, 혈관 튀어나오지…… 주름살은 발 들일 틈이 없다. 시간으로 보나 공간으로 보나 눈 씻고 찾아봐도. 폴댄스 복장은 비키니 같다. 미끄러지지 않기 위해서다. 삐진 살, 튼 살로 걸쳐보지 못한 차림을 나이 먹어 입는다. 설사, 살이 정리되지 않았어도 '존재로서의 몸'이기에 부끄러울 것도 없다. 기능성 속옷이지 잘 보이기 위한 옷이 아니다. 폴댄스 학원에 백수 이미지로 추리닝 한 벌 걸치고 오는 친구가 있었다. 누구더라, 했다가 폴댄스 복장으로 멋진 기술을 펼치는 모습에 아~ 그 사람 했던 적이 있다. 그 자체로 결이 곱다. 근육 결들이 어떻게 움직여 힘을 내는지가 관건이지 헐벗은 정도는 일도 아니다.

회사에서 오랜만에 만난 사람들에게 자주 듣는 말이 있다. "나, 팔 한 번만 찔러봐도 돼?" 감자가 되는 순간이다. 근육이 잘 익었나 손가락 젓가락으로 찔러본다. 이 말인즉슨 팔만 봐도, 굳이 폴댄스 옷 입고 출근하지 않아도 단단한 결이 느껴진다는 의미? 아무리 적게 먹어도 자연증가율의 나잇살이 있다. 만고땡 세상 즐겁게 살아도 세월주름살이 있다. 세상도 우릴 가만두진 않는다. 나잇살과 주름살에 속도를 더하면 더했지. 얼굴에 보톡스 맞는다고 팔자가 펴지던가. 온몸에 근육 보톡스 한 방이면 인생 펴는 건 시간문제다. '내 나이 돼봐라' 소리는 하고 싶지 않다. 어느 나이대고 '운동 해봐라' 소리가 맞다.

살쪄서 펴진 주름에 안주할 것인가. 움직여서 근육에 결을 그릴 것인가. 선택의 갈림길에 때마침 나이가 떡 하니 서 있다. 결은 결대로, 결따라 움직이는 게 자연의 순리다. 다이어트도 되면서 결코 불쌍해 보이지 않는, 살과 근육 두 토끼 다 잡는 약이다. 피부하니까 생각나는데 운동이 몸에 배면서부터 왕여드름도 종적을 감췄다. 콧등, 이마, 볼, 턱, 등, 엉덩이까지 끊임없이 돌림노래였던 여드름. 고름이 흘러 휴지쪼가리를 붙여 놓았던 여드름. 이제 더 이상 유니콘이나 루돌프사슴, 뺑덕어멈이 아니다. 피부과에서 싫어할 타입.

도마 위에 얹어진 재료들도 결대로 자르고, 음식도 결대로 씹고 뜯는 나.

강박증인가, 직업병인가.

7

마흔 넘어도 가당한 소리,
애! 플! 힙!

"사과 같은 내 얼굴 예쁘기도 하지요"를 개사해 "상자 같은 네 골반 넓기도 하지요"로 불렀다. 남도 아닌 모친께서. 내 엉덩이는 애플힙은커녕 사과상자처럼 생겼었다. 네모 모양으로 살은 많지만 근육량은 턱없이 모자랐다. 허리, 다리 통증의 주범이기도 했다. 엄마는 어째 잘나가다가 엉덩이에서 턱이 졌냐며 몸이 세팅된 사춘기부터 마흔까지 재탕했다. 골반이 유난히 작은 자기자랑인지, 잘 찍어내지 못한 미안함인지 헷갈렸다. 아쉽지만 유전자는 어쩔 수 없지 않느냐며. 직장 입사동기는 나를 "엉짱"이라 불렀다. 얼굴보다 엉덩이가 짱이란다. 분만실에서 아이를 2박 3일 걸려 낳았는데 산부인과 의사는 제왕절개수술을 반대하며 이런 말을 했다. "골반이 이렇게나 좋은데 당연히 자연분만을 해야죠." 소쩍새 울듯이 여기저기 골반 골반.

운동을 하면서 허리 위치가 구분되기 시작했다. 헌데 축 쳐진 엉덩이는 쉬이 올라가지 않았다. 몸이 엉망이라 근력운동으로 손볼 곳은 엉덩이 말고도 숱했다. 엉덩이만 운동할 노릇도 아니고 근육은 서로서로 연결되어 오래 걸릴 수밖에 없다. 머리카락이 길면 중력으로 당기는 힘이 커져 곱슬도 펴진다. 엉덩이도 마찬가지다. 근력보다 센 중력으로 살이 더 늘어졌다. 게다가 많이 먹으면 엉덩이부터 살쪘다. 남들은 배둘레햄이라지만 난 엉둘레햄이 되었다. 몰랐는데 주변인들은 참 잘도 캐치한다. 굳이 말해주니. 애플힙이란 건 내게 꿈같은 단어였다. 헬스 1년차까지.

다리와 연결된 허리, 허리를 잡고 있는 코어가 발달하면서 엉덩이근육도 자극받기 시작했다. 근육도 인간의 본성처럼 연대성이 강했다. 다리를 뒤로 차거나(큰볼기근, 대둔근) 옆으로 찰 때(중간볼기근, 중둔근) 엉덩이근육이 느껴졌다. 무용수 다리만큼은 아니지만 통증으로 겨우 뒷발질하던 때에 비하면 장족의 발전이다. 아니, 웬만한 사람보다도 다리가 높이 올라간다. 심지어 드러누울 때나 서 있을 때조차 엉덩이근육은 심장 뛰듯 울룩불룩한다.

'애플힙'이란 사과같이 둥글며 곡선이 있는, 탄력 있고 아름다운 엉덩이를 말한다. 올라가기도 해야 하고 빵빵하기도 해야 한다. 헬스 한창 할 때 바디 프로필을 찍을 정도로 얼추 갖췄다. 근력운동의 강점이자 단점이 한 만큼 나오고 안 한 만큼 꺼진다는 것이다. 회사일도 해야 하고 집안일도 해야 하는 상황에서 엉덩이만 바라보고 살 순 없다. 중년으로 접어들면 사건사고뿐 아니라 여기 저기 쑤시는 곳도 많아진다. 근 손실로 아프지 않으면 다행이다. 나도 그렇고 다들 엉덩이운동을 몰라서 못 하는 게 아니다. 운동은 널렸고 여력이 없는 게 문제다.

　엉덩이는 운동과 과식에 민감하게 반응하는 곳이라 변형도 들쑥날쑥했다. 다 늙어 PT 받으면서 애플힙 한 번 누려봤으니 그걸로 족했다. 그러던 중 필라테스를 만났다. 필라테스는 모든 동작에서 엉밑살, 전문용어로 ischial tuberosity 궁둥뼈결절, 좌골결절에 힘이 들어간다. 어떠한 동작도 힙익스텐서라는 엉덩이근육다발이 자극된다. 인간이 적응하는 동물인 건 근육을 두고 하는 소리 같다. 일상에서도 고스란히 적용되니. 출근을 하건 집안일을 하건 반복 자극으로 엉덩이근육을 붙드는 중이다. 걸음도 달라졌다. 그동안 무릎으로 걸었다면 이제는 엉덩이로 걷는다. 운동에 조금만 소홀해도 방사통이 왔는데 오래 살고볼 일이다. 엉덩이근육을 추켜세우며 살다니. 엉덩이로 이름 쓰기 벌칙은 어려서 받을 게 아니었다.

엉덩이는 몸의 중심이자 상하체를 연결하는 메카다. 썩은 애플이든 문드러진 애플이든 간에 세상은 엉덩이 힘으로 살아간다. 하체가 버티는 힘은 남에게 기대는 힘과 반비례한다. 하체 중에서도 엉덩이 힘은 늙어서까지 얼마나 독립적으로 지낼지를 결정한다. 운동을 제대로 했는지의 지표도 단연 엉덩이다. 푹 꺼진 근육은 허리통증으로 이어진다. 운동을 한 달 쉰 적이 있었다. 그때 내 엉덩이는 근육 쓰나미가 지나간 듯했다. 근 손실은 물론 허리, 다리가 저려 앉아있기조차 힘들었다. 엉덩이근육은 몸에만 그치지 않는다. 할 수 있는 운동도, 즐길 수 있는 운동도 많아진다.

수십 년째 엉덩이를 덮던 옷이 걷혔다. 티셔츠가 짧아지니 여름도 한결 시원하다. 바지가 윗옷을 머금으리라고는 상상도 못했다. "청바지가 잘 어울리는 여자~" <희망사항>의 노래가사가 희망사항으로 끝날 줄 알았다. 젊었을 때 정장을 주로 입은 건 예의 발라서가 아니다. 골반이냐 허리냐, 바지선이 어느 장단에 춤을 춰야할지, 불편함에 청바지를 입지 못했다. 마흔 넘은 팀장이 되고서야 청바지가 출근 제복이 되었다. 회사 직원들에게 자주 듣는 말이다. 과거에 들은 말이 아닌 최신 버전.

"뒤에서 보면 20대 같아요."

엉덩이 짓인가, 등의 짓인가. 20, 30대에 중앙집권형 골반으로 뒷모습이 중년 같았던 걸 보면 엉덩이 공이 크다. 속옷으로 애플 힙스러워짐을 감지했다. 다른 옷들은 물론 속옷까지 커졌다. 아니 크기보다는 근육의 대이동이 맞겠다. 속옷 끝단이 허벅지 쪽으로 하강했다. 하루아침에 속옷이 늘어날 리도 없고. 엉덩이가 아래로 쳐지면 속옷이 올라가고, 힙업 되면 속옷이 내려오는 원리다. 어차피 내 몸, 내가 정하기 나름이다. 객관적 도구로 접근하니 기쁨도 두 배다. 앞에서 보면 근육빵빵인데 뒤돌면 의외로 납작만두라든지, 숱하게 걸어 살은 쏙 뺐는데 엉덩이는 눈꼬리처럼 축 쳐진 경우가 있다. 허리치수가 28, 29인치였을 땐 살이 없어 바지가 헐렁한 모습이 그렇게나 부러웠다. 근육을 느껴보니 꺼진 엉덩이도 다시 볼 일이다. 이젠 엉덩이와 바지 사이가 넓은 사람들을 보면 허리통증은 없는지 노후에 괜찮을지의 염려가 그 공간을 메운다.

누군가가 내게 물었다. "집에서 엉덩이 붙일 시간은 있느냐"라고.

답했다. "엉덩이란 일하고 잘 때만 바닥과 만나는 거"라고.

이젠 엄마의 명대사도 바뀌었다.

"뼈를 깎는 고통 없이도 골반이 줄긴 주는구나. 그 많던 엉덩이 살은 어디 다 갔을까?"

내 뒤태를 볼 때마다 신기해한다. 예전에는 달라붙는 바지를 입으면 남세스럽다고 그럼 못쓴다고 뜯어말리더니 레깅스 입고 거리를 쏘다녀도 이젠 "……"다.

골반과 엉덩이, 그리 가당치 않은 유전자는 아니더라. 과거는 자연도태되고 새로운 유전자로 진화했다. 징그럽게 넘어가지 않던 곱슬머리 가르마조차 이젠 자유자재로 타진다(나이 들어 머리카락 힘이 빠졌다고 보진 말자). 운동은 유전자도 조작하는 힘이 있다.

애플힙 되면 엉덩이가 들썩일 정도로 기분이 좋아 그런지 표정도 밝아진다. 애플페이스, 사과 같은 내 얼굴 된다. 아침마다 먹는 사과도 이젠 맛으로만 먹지 않는다. 남 일 같지 않은 사과, 눈으로도 먹는다.

사과 같은 내 골반, 글 쓰느라 애썼다.

일어나 애플힙 조각하러 출발.

8

표현의 자유 얻은 해방일지, 바디 프로필

남들은 감정을 털어놓지 못할 때 벽에다 대고 말하는 것 같다는데 난 '지금 이 동작 맞게 한 건가?'라는 근육을 털어놓지 못할 때 벽 보고 말하는 것 같다. 고백하고 싶어 안달이다. PT를 1년 넘게 질질 끈 이유다. 1주년 기념으로 PT선생님은 내게 바디 프로필 촬영을 제안했다. "아니, 제 연세에…… 피부도 쭈글쭈글한데……." 뒷걸음치니 진로담당 선생님처럼 단호하게 "푸시업 할 힘도 되면서 왜 안 찍으세요?" 했다. '힘'이라는 단어가 귀에 확 꽂혔다. 20대가 꽃이라면 30대는 줄기, 40대는 뿌리로 버티는 게 아니던가.

바디 프로필 개념을 '힘'이 아닌 '날씬형근육'의 자랑질로 생각했다. 이제 아프지 않고 힘도 붙었다는 인증서라 생각하자. '몸 수료증', '건강증명서' 발급받는 셈 치고 찍겠다고 답했다. 사진보다는 어려운 동작에 대한 도전이었다. 그날로 PT 주 2회!

PT선생님은 더 체계적으로 운동프로그램을 짰다. 상하체 근력운동과 유산소운동이 자동화시스템처럼 돌아갔다. PT를 받지 않는 날도 몸은 기꺼이 그렇게 움직이고 있었다. PT선생님과의 약속, 바디 프로필이라는 약속, 이중구속이 오히려 운동을 재미있게 만들었다. 막무가내로 하늘 노래지도록 운동할 때는 '못 한다고 할까, 무슨 부귀영화를……'이란 생각이 운동과 나 사이를 가로막았다. 되고자 하는 모습을 그리면서 운동하니 그동안 엄살이었음이 바로 들통났다.

목장에 풀어놓고 마음대로 풀 뜯어먹던 시절은 끝났다. 식단을 관리받는 관심병사가 되었다. 사십 평생 없어 못 먹었지, 있어 안 먹은 경우는 머리털 나고 처음이다. 자유방임형 리더십은 막을 내리고 권위주의형이 도래했다. 두 달만 참자. 한 달은 현미밥, 한 달은 닭가슴살 샐러드를 먹자고 했다. 야식도 끊으면 좋은데 도저히 못 참겠으면 오이나 당근을 씹으라 했다. 그래도 못 참겠으면 달걀과 바나나까지 허용했다. 거의 주식이던 기름진 음식과 밀가루를 멀리했다. 눈이라도 마주치면 심장이 뛰고 침샘이 자극될까봐

가시권에 두지 않았다. 꼭 기다리지 않는 버스가 자주 지나가듯 부서에서는 유독 간식을 자주 시켰고 상사와의 식사자리는 유난히 많았다. 피자가 간식일 때는 사무실을 벗어나 다른 층을 다녀왔다. 실장님과 식사할 때는 집에서 싸온 현미밥을 주섬주섬 펼쳐 공깃밥을 대신했다.

눈 밑이 야구선수가 될 무렵 2개월이 지났다. 심신수련 기간이었다. 그동안 느껴보지 못한 근육을 더 깊게 알게 되었다. 유산소라 해봤자 10분을 넘기지 않던 사람이 30분 이상 달릴 수 있는 잠재력도 확인했다. 샐러드 세계에 입문하면서 그동안 이 맛을 모르고 산 게 억울했다. 삼각김밥이나 떡볶이가 더 싸서 먹은 거라면 모를까 신선함과 다채로운 그 맛을 외면할 이유는 단 한 개도 없었다. 샐러드의 진정성을 본 후 야식은 채소로 대체하거나 건너뛰게 되었다. 샐러드만큼이나 몸이 가벼워졌다. 해 뜰 때 먹고 해질 때 삼가라는 말, 휴지통에서 복원! "사람의 몸은 허기와 갈증으로 인하여 음식을 먹어야 한다(『동의보감』)"가 지금껏 머리맡에 붙어 있다. '바디 프로필' 준비 기간이 아니라 '바디 최적화' 단계를 만난 게다.

바디 프로필 전문 스튜디오는 예약 당시 3개월이 꽉 차 있었다. 장소도 회원들 체험을 토대로 PT선생님이 물어다주었다. 아침 여섯 시에 씻지 않은 모습이거나 평소 화장을 한 건지 만 건지 모를 얼굴이라 그런지 화장과 머리 손질하는 샵도 안내했다. 내가 뭘 알아보고 자시고도 없이 '몸' 숟가락 하나만 딱 얹으면 되었다. 건강하게 먹고 건강하게 움직이기만 하면 되니 팔자 편하고 좋았다. 스튜디오에서 연락이 왔다. 바디 프로필 촬영 전에 남기고 싶은 동작과 입을 옷 서너 개를 준비하라 했다. 사진 후보군을 정해 PT선생님에게 프레젠테이션 하듯 슬라이드 넘기며 물었다. "어느 동작이 가장 큰 힘을 요구하나요?" 선생님은 동작에 필요한 힘, 나의 강점, 연출 장면 등을 고려해 동작 서너 개를 찍어주었다. 가지고 있는 운동복이라고는 레깅스와 민소매 두 벌. 이참에 옷도 좀 사라는 선생님 말씀. 원피스 한 개, 레깅스와 브라탑 두 개, 비키니 같은 속옷 한 개 주문 완료. 내 병을 고쳐 준 PT선생님 말씀이라면 그림자까지 따르리라. 까막눈인 '옷맹'이니 특히나. 인터넷에서 구입한 만 원짜리 원피스며 매장에서 입어본 옷이며 일일이 사진 찍어 PT선생님에게 실시간으로 전송해 물었다. 선생님은 평소 스타일이 슈퍼모델급이라 믿고 보는 자문위원이다.

바디 프로필 촬영 날인 일요일. 미용실부터 들렀다. 잔치용이 아니라 그런지 화장과 머리카락 손질부터 달랐다. 원피스 컷을 감안한 풀어헤친 머리, 헬스 동작을 감안한 묶은 머리로 돼지털 곱슬머리가 변신하는 순간이다. 내 성격에 맞는 화장톤으로 얼굴도 터치. 어째 결혼식 때보다 더 젊어 뵈는 것 같다. 지금 알고 있는 걸 그때도 알았더라면(가격도 더 싸다). 집에서 일곱 시에 나와 샵까지 한 시간, 꽃단장 한 시간 반, 이제 스튜디오로 출발.

　스튜디오인지 모를 철문이 벽면에 떡하니 박혀 있다. 문 열고 들어가니 지하와 연결되었고 신비로운 정원처럼 여러 방들이 아름답게 꾸며져 있었다. 이상한 나라의 앨리스가 된 듯했다. 그날 하루는 내가 전세 낸, 나를 위한 날이었다. 가자마자 물건 파는 아줌마처럼 장바구니를 열어 준비한 옷과 운동화들을 주섬주섬 꺼내 침대 위에 펼치니 사진작가님은 준비한 동작부터 꺼내라는 눈빛이었다. 나 역시 식단관리를 해온 데다 결전의 날이랍시고 쫄쫄 굶고 왔으니 급한 건 피차일반.

　기량을 뽐내고 싶어 그동안 갈고닦은 동작, 힘 빠지기 전에 후딱 찍자. 작가님은 내게 더 찍고 싶은 게 없느냐 했다. 복선이었다. '마이 턴'을 외치는 선수처럼 본게임이 시작되었다. 내가 가져간 옷 서너 벌과 동작이 무색할 정도로 옷걸이에 걸린 의상을 하나하나 다 입어보라 했다. 옆구리 트임이 있는 수영복이며 핫팬츠, 수건…… 공기부터가 다른 10㎝ 넘는 하이힐까지. 매니저가 이미 짜놓은 각본대로 물건을 내어주듯이 손놀림이 빨랐다. 옷을 갈아입는 것도 번잡스럽지만 제시하는 동작들이 이 인간이 평소 얼마나 열심히 운동했나를 테스트하는 것 같았다. 내가 준비한 동작은 초급 수준이었다. 운동하는 날인지 사진 찍는 날인지. 여기서도 PT를 받아야 하나.

동작 하나만도 그 즉시 확인해 사진작가님 마음에 드는 컷이 나올 때까지 또 찍었다. 시선, 표정, 손끝 발끝을 최대한 자연스럽게 연출하라며 NG가 이어졌다. 얼굴근육 좀 풀라고 뭐 그리 긴장이 감도냐며 '다시'를 연발했다. 상대는 예술인데 내게는 무술로 느껴졌다. 카메라의 찰칵대는 소리가 깊어갈수록 어느새 내 몸도 행위예술로 느껴졌다. 샤워기, 밧줄, 짐볼, 봉, 덤벨…… 소품도 가지각색으로 등장했다. 동작 하나에 여러 컷, 옷 한 벌에 여러 동작, 여러 소품, 여러 장소…… 경우의 수를 곱한 값이 내가 찍은 장면 수다. 컷 하나하나는 근력과 유연성 테스트, 전체적인 촬영 시간은 지구력 테스트인 셈.

작가님이 그토록 강조하던 '물 흐르듯이 자연스럽게'가 성사됐나 보다. 시간이 흐를수록 "그렇지! 오우 굿! 와우 좋았어!" 소리도 찰칵댔다. 처음 카메라 들이댈 때의 긴장감이 싹 사라졌다며 이제부터 시작이라는 듯 좀 더 힘을 내달라 했다. 그는 연신 "화이팅, 화이팅"을 외쳤다. 사진 촬영이 무르익으면서 어느 순간부터 현재의 몸, 지금 이 순간에 나도 빠져들었다. 그동안 얼어붙은 감정이 손끝으로 전달되고 발끝까지 뻗쳤다. 연기대상 시상식 때 눈물 흘리는 장면은 그동안 준비했던 과정이 힘들어서가 아니라 내면의 응어리가 밖으로 터져서일 수도 있겠다. 감격스러웠던 건 바디 프로필 촬영을 위해 먹고 싶고, 자고 싶고, 쉬고 싶은 것을 참아낸 여정이 아니었다. 그동안 감정을 꽁꽁 묶어두고 산 세월이, 내 마음을 제대로 표현하지 못한 삶에 복받쳤던 것. 고강도운동처럼 힘은 슬슬 빠지는데 누가 작가인지 모르게 내가 더 feel 받았다. 진정 바디프로feel. 게임 역전. 작가님은 내게 체력이며 연출이며 "베리 굿"이라며 직원에게 말하듯 친한 기색을 드러냈다. 그러고는 당초 컷보다 두세 컷 더 찍어준다며 의상을 또 건넸다(옷 괜

히 샀나). 작품성 측면이라나 뭐라나. 힘을 더 내달라며 선수 코치 하듯 두 주먹 불끈 쥐어 보였다. 힘을 낼 수밖에 없다. 응원자가 또 있었기에. 유일하게 쉬는 일요일 주간임에도 커피와 음료수, 초콜릿을 사들고 그녀가 나타났다. PT선생님은 자식 토닥이듯이 잘 따라와주어 고맙다, 대견하다는 레이저를 보냈다. 그녀는 촬영 전날까지 인바디(체성분 분석)를 체크하고는 흡족해했었다. 근육량 23.5㎏, 체지방 6㎏, 상체/하체 근력 '상급'에 빨간펜 두르면서 전야제로 "우리 회원님 이제 체육인이십니다!"고 했다.

느낌도 좋고 응원도 좋고 서비스도 좋고 젊은 작가의 아줌마 예우까지 다 좋은데 힘에 한계가 왔다. 아홉 시에 도착해 이러다 여

섯 시에 퇴근할 판. 뱃가죽이 등가죽에 들러붙어 근육이 자글자글
은 하겠다만 자글자글 튀긴 치킨도 아른거렸다. 아무리 뽕 뽑는
걸, 공짜를 좋아하기로서니 5시간 촬영에 4천 장에 육박하는 컷.
다른 사람들과의 형평성을 운운하며 집에서 저녁 먹는 시간 계산
해 스톱을 선언했다. 왠지 저녁도 먹방 프로필을 찍을 것만 같은
하이에나의 허기였다. 작가님은 돌아가는 내 뒤통수에 대고 다른
컷이 생각나면 AS로 몇 컷 더 찍어주겠다고 했다. 이젠 일상이 스
튜디오가 되어 굳이 다시 올 일은 없을 듯. 느낌 아니깐.

 바디 프로필 여정은 나를 알아가는 시간이었다. 굵고도 뻗치는
힘에 나도 놀랐다. 이래서 PT선생님은 '힘'을 앞잡이로 둔 거구나.
바디 프로필 사진도 일회용이 아니었다. 거실 액자 속에서 나를
늘 감시한다. 유일한 비교상대다. 4년 전 그녀와 지금의 나. 근육
은 늘었는지, 빗장뼈(쇄골)가 더 일자로 열렸는지, 목덜미 승모근
이 더 꺼졌는지 성장지표로서 때로는 칭찬을 때로는 격려도 한다.
비교대상에서 몸무게와 살은 제외다. 주름진 날씬함보다 팽팽한
건강미를 추구한다. 이런 짓 하느라 비교대상에 남이 끼어들 자리
가 없다. 바디 프로필은 남과의 비교에서 내 몸으로 시선을 돌려
놓았다. 옷차림과 음식을 싹 다 바꿔준 터닝 포인트가 되었다. 샐
러드 세계에 발 들이는 계기가 되었다. 다양한 채소로 생생하게
그리는 일상이 그리 맛깔스러울 수가 없다. 그때 사둔 옷을 지금

까지 입는다. 원피스부터 레깅스까지. 옷을 괜히 산 게 아니라 레 깅스와 브라탑을 걸치게 되면서 '용기' 수십 벌을 얻었다. 내가 배 를 다 드러내다니 세상 말세末世 아닌 강세強世다, 강세!

바디 프로필을 몇 십만 원 주고 찍는 것에 손가락질했다. 결제하 는 손가락도 떨렸지만 두고두고 잘했다는 생각이다. 후회 없는 인 생 프로필이다. 바디 최적화로 인도한 선교사다. 그때 사진을 모 니터링용으로 여태 보고 몇 십 년 묵은 꽁한 성격도 뜯어고쳤으 니 거저 받았다. 16년 만에 얼굴과 머리를 남의 손에 맡겨 변신까 지 했는데 낭비면 또 어떤가.

9

10년 전 옷은 그대로,
허리사이즈는 거꾸로

골반-엉덩이로 바지 허리치수가 28, 29였다. 젊은 시절은 한창 외모에 멋부릴 나이라 치더라도 남을 의식하는 데다 옷이 신경 쓰이면 집중을 잘 못했다. 아무거나 걸쳐도 예쁜 게 청춘이거늘 아무거나를 못 골라 많이도 싸돌아다녔다. 동대문시장이나 거리 상점, 아울렛 매장을 발품으로 충분히 검토해 겨우 하나 건졌다. 환절기 때마다 '입을 옷 없다는 푸념→EYE 쇼핑→수명 짧은 보세 옷 구매'도 순환했다. 이 모든 걸 비용으로 환산하면 명품 하나 사 는 값과 맞먹지 싶다.

옷을 사는 기준은 1.골반 작아 보이기, 2.배 덜 나와 보이기, 3.다리 길어 보이기, 4.팔뚝, 허벅지 가늘어 보이기였다. 이 조건을 충족하면 다른 건 얼마든지 감수할 수 있었다. 옷에 장식이 치렁치렁하든 지퍼나 리본으로 손이 가든 손빨래가 필요하든 간에. 그때 앞뒤판 돌려가며 거울도 자주 봤다. 허벅지까지 윗옷 잡아끄는 게 버릇이었다. 기껏해야 아래팔과 종아리만 내놓았다. 가녀린 손목, 발목으로 팔뚝과 허벅지가 상대적 박탈감을 느꼈기에. 내 눈에 허리 드러내는 사람은 간첩이요, 벨트로 경계를 명확히 가른 사람은 딴 세상이었다.

근력운동을 하면서 허리와 엉덩이 둘레가 작아지기 시작했다. 손목, 발목부터 출발해 기하급수적으로 넓어지는 몸의 반지름은 균형을 찾아갔다. 허벅지와 팔뚝이 흐느적거릴 땐 살갗 드러내는 게 남세스러웠다. 근육 ZIP파일로 압축되면서 야한 기미는 찾아볼 수가 없다. 내 사고방식이 야했던 것. 물러터진 두부에서 단단한 묵이 된 근육도 근육이지만, 근력운동은 몸의 형태를 바꿔준다. 나만 해당되는 얘기가 아니다. 웨이트 트레이닝의 목적과 효과에 '근육 형태 변화'라고 엄연히 나와 있다. 내 어깨라인은 뽕 들어간 재킷이 되었다. 겨드랑이부터 허리까지 능선은 역삼각형까진 아니더라도 역사다리 꼴은 되었다. 힙업과 햄스트링이 합세해 다리 연장술을 받은 것 같다. 서양사람만큼 긴긴 하체를 보유한 오빠는 어려서부터 나를 "앉은키"라 불렀다. 다리가 짧아 앉은키가 짱이라며, 너 혼자 머리가 튀어나왔다며 놀리곤 했다. 이젠 그 말도 쏙 들어갔다. 철든 어른이라 들어간 것 같지는 않다.

몸이 이토록 변했는데 굳이 헐렁한 옷에서 숨바꼭질할 이유가 없다. 몸을 과시하려는 게 아니다. 옷과 몸 사이에 틈이 없을수록 근육 움직임이 잘 느껴진다. 호흡할 때 갈비뼈와 등근육을 느끼기 위해 스포츠용품을 입고 다닌다. 스포츠 옷이 정장 밖으로 삐져나온 걸 다른 사람 통해 안 적이 있다. 대화하는 데 '아이 컨택'이 아닌 '어깨 컨택'을 하길래 가서 거울을 보니 블라우스 목덜미로 운동복이 혀를 내밀고 있었다. 몸에 꽉 끼는 옷을 입으면 혈액순환도 안 되고 건강에 안 좋다는 사람도 있다. 난 펄럭이는 바지 입고 출근할 때 다리통 붓기가 훨씬 심했다. 바지통만큼 다리 붓기를 허용한다. 근육감각을 맛보면 근육이 옷처럼 느껴진다. 등 양쪽에서 넓은등근(광배근)이 날개처럼 불룩해질 때, 엉덩허리근(장요근)과 큰볼기근(대둔근)이 바지를 뚫고 나올 기세일 때 그 쾌감은 이루 말할 수 없다. 근육의 존재감과 나의 존재감이 동일시된다. 등세모근(승모근)으로 티셔츠가 불룩 솟을 땐 긴장감과 예민함도 함께 느낀다. 호흡으로 어깨라인을 내린다. 근육이 편안해야 옷도 구김살이 없다.

가장 중요한 의미를 내 몸에 걸치니 옷의 개념과 입는 기준이 달라졌다(표 참조). 옷을 자주 살 때는 미처 깨닫지 못한, 옷 한 벌 만드는 데 들어가는 가축과 환경오염도 의식하게 되었다.

쇼핑투어와 지갑 여는 일이 확 줄었다. 간혹 인터넷으로 다 늘어진 레깅스를 교체한 것 말고는 최근 3년간 옷을 산 기억이 없다. 백화점에 두 번 간 적은 있다. 한번은 약속한 식당이 백화점이라서, 또 한 번은 직원들과의 식사 장소가 백화점을 거쳐 가기에. 아기엄마인 한 직원이 얼마 만에 백화점 옷을 구경하느냐며 백화점 사이를 지나가는 내내 감탄사를 연발했다. 몇 년 만에 만난 나는 그사이 무슨 일이 있었길래 설레지 않는 걸까. 물리적 거리가 마음까지 멀어지게 한 것 같지는 않고. 가을 신상품들이 경쟁하며 여기저기 뽐내는데 내 눈에는 그놈이 그놈인 건 왜일까.

10년 전 옷을 그대로 입는다. 달라진 건 옷이 닳은 정도가 아닌 허리치수다. 허리 2, 3인치를 모두 줄였다. 옷감이 줄은 만큼 옷값도 줄었다. 새로 사는 돈을 수선비로 들이니 유쾌한 지출이다. 내

운동 전 (복잡)	운동 후 (단순)
1.골반 작아 보이기 2.배 들어가 보이기 3.다리 길어 보이기 4.팔뚝/허벅지 가늘어 보이기	1.신축성 2.편리성 3.근육자극 4.드라이클리닝 불필요
저렴한 옷 여러 벌	저렴한 옷 대표 주자

호주머니나 환경 호주머니나 꽤나 남는 장사다. 이렇게나 기분 좋은 허리띠 졸라매는 삶이 있을까. 작아서 장롱에 처박아둔 옷도 다시 등장했다. 유행은 중요치 않다. 작은 사이즈가 몸에 착 들어 맞을 때 그 옷은 내게 샤넬이다. 10년 전 몸무게로 돌아갔다. 새 옷도 생겼다. 아들과 질녀가 작아서 못 입는 옷들이다. 쑥쑥 자란 덕분에 닳지도 않은 새 옷이다. 초딩 때 오래 입으라고 사준 나름 튼튼한 백화점 옷이다. 금방 크는데 왜 비싼 옷을 사주냐며 애아빠에게 잔소리 할 일이 아니었다. 내가 이렇게 호강하는데. 선견지명 옷 덕분에 겨울도 따뜻하게 났고 봄가을도 젊게 지냈다. 어른이 아이에게 물려받는 일, 창피하지 않다. 아동청소년재단이나 바자회에 미안하다면 미안할까. 역시 옷은 날개다. 아이들 옷을 입고 있노라면 그때 당시 추억도 피어오르고 그들의 숨결도 날아오른다.

옷이란 날씬한 몸으로 입는 게 아니다. 옷은 근자감(근육자극감각)을 느끼는 수단이다. 옷은 태어날 때 지닌 유전자 뼈대 위에 '건강'을 걸친 것이다. 존재로서 개성대로 입는 게 옷이다. 아이도 운동하면서 고무줄 바지를 죄다 줄였다. 초등학교 때는 작은 키에 29, 30인치 바지를 입었다. 고등학생인 지금은 28인치다. 그때 죄던 옷들이 이제 다 맞는다. 선견지명은 지 애비 닮았고 거꾸로 가는 몸은 지 애미 닮았다. 중요한 건 내가 어떤 옷으로 세상을 살아

가느냐다. 나만의 사이즈와 색으로 활용성을 찾아 입는 옷이 명품이다. '난 이런 사람이네' 하는 나만의 고집과 원칙도 허리고무줄처럼 탄성을 유지해야 한다. 너무 늘어져 흘러내리거나 너무 쪼여 꽉 끼지 않는, 적당한 치수의 삶 말이다. 쇼핑보다도 어려운 일이지만 안 맞으면 수선하면 될 일. 옷에 몸을 끼워 맞출 때보다 내 몸에 옷이 맞아 들어갈 때 세탁소 하나를 얻은 것만큼 행복하다. 몸에서 유토피아를 느낀다. 세탁소도 크린토피아를 이용하는데 세탁물만 찾는 게 아니다. 사장님은 운동, 책, 삶 이야기도 매번 함께 내어준다.

봄여름가을겨울 노래 중 <10년 전의 일기를 꺼내어>가 있다. 10년 전 옷을 꺼내 입는 건 추억일기를 몸에 걸치는 것과도 같다. 옷에서 느낀 감정, 책으로도 번졌다. 오래전 읽은 책을 다시 꺼내보는 데 재미 들렸다. 리바이벌은 질색팔색인 내가 '나 때는 말이야'의 라떼 재독도 아닌, 기억이 흐리멍덩해 다시 연 것도 아닌, 그때 미처 깨닫지 못한 감정 때문에 재탕 중이다. 운동도 예전에 안 되던 동작을 다시 꺼내 시도 중이다. 의외로 성공률이 높다.

10년이라는 몸 강산은 옷에서 푸르게 푸르게. 유한 남달리!

10

운동으로 이미 열받은 거
뭘 또 흥분하나

갱년기가 일찍 왔다. 갱년기更年期, 사전에 "인체가 성숙기에서 노년기로 접어드는 시기로 대개 마흔 살에서 쉰 살 사이에 신체 기능이 저하된다"라고 나와 있다. 마흔과 쉰 사이이기는 하지만 고개를 넘기도 전에 얻었으니 고속 승진했다. 엄마 입에서 그토록 들어왔던, 한참 멀게 느껴졌던 '뻗치는 열감'이 내게도 왔다. 헌데 이 생리적 반응, 그리 낯설지 않다. 엄마는 열감 때문에 잠을 설쳤다는 말을 자주 했다. 나도 잠들 때 후끈거릴 때가 있다. 운동으로 땀낸 후 찬물샤워 하면 잘 때 화끈화끈한다. 이미 느낀 자극이다.

골격근을 많이 쓰면 근피로가 온다. 몸에 불이 나기도 전에 근육이든 뇌든 피곤에 절어 곯아떨어진다. 자다가 중간에 깨는 건 운동 후 많이 마신 물 탓이지 열 탓은 아니었다. 갱년기 전후로 아니 운동을 하면서 뒤통수가 물체에 닿은 이상 못 잔 적은 없다(지면 센서가 없는 전철에서도 버드나무처럼 잘 잔다).

매도 먼저 맞는 게 낫다는 말은 정말 맞다. 운동을 하면 호흡과 심장박동수가 올라간다. 운동이 적응되면 심장이 적게 뛰고도 온몸으로 내보내는 심박출량은 많아진다. 운동 수위가 높아졌거나 새로운 게 추가되면 폐와 심장은 다시 신나게 뛴다. 우리 몸은 주변보다 온도가 낮을 땐 떨림으로 체온을 올린다. 반대로 몸이 주변 온도보다 높을 땐 땀으로 체온을 내린다. 가만히만 있어도 이런 보상기전이 작동한다. 항온동물의 권리이자 건강 산물로 항상성을 누린다. 거기에 운동까지 보탰으니 생리적인 몸의 반응에 그리 놀랄 일은 아닌 게다.

수많은 책에서 운동을 하면 자신감과 자존감이 올라간다고 한다. 나의 한계치를 넘었다는 성취감도 있겠지만 생리적 반응도 영향이 있으리라. 난 일어날 변수를 미리 당겨 걱정하는 스타일이었다. 한 사람과 이야기할 때는 청산유수이지만 여러 사람 앞에서는 맥박과 호흡이 빨라졌다. 한 사람이더라도 내게 질문을 하거나 따지는 말투면 다수 앞에서 발표하는 것처럼 머리가 하얘졌다. 운동

연차가 올라갈수록 사람 숫자에 민감도가 줄기 시작했다. 말의 속도도 알레그로에서 모데라토가 되어갔다. 누군가의 질문은 기회이고, 내 생각을 꺼내는 데 주저함도 줄었다. 근력운동이 불안을 줄여준다는 논문이나 저널, 서적도 많다. 자신을 통제했다는 점과 자신의 근력이 신체적, 정신적 대처를 잘해냈다는 것에 자신감이 붙어서라고 한다. 생리적 반응이든 정신적 측면이든 운동은 선행 학습이다.

운동은 성격도 개조시켰다. 생활용품 택배를 주문했는데 물건 하나가 잘못 배송된 적이 있었다. 묻고 따질 것 없이, 그렇다고 다시 살 것도 없이 잘 포장해 회사로 되돌려주었다. 이전 같았으면 잘잘못 따지며 본래 물건 받아내느라 추적 60분이 되었을 텐데. 또 한번은 출근하면서 아몬드 아메리카노를 주문해 받아들고는 사무실로 올라갔다. 마시다 보니 씹히는 게 없었다. 뚜껑을 열어 보니 아메리카노였다. 차액은 봉사하는 셈치고 (매장도) 씹지 않고 그냥 마셨다. 엄청난 봉사금액은 아니지만 예전 같았으면 인증샷 찍어 다음 날 보여주고 아몬드를 두 배로 받든 돈을 깎든 했을 것이다. 만원 지하철에서는 70대로 보이는 어르신이 내 백팩을 밀치며 왜 미냐며 되레 소리친 적이 있었다. "죄송합니다" 다섯 글자로 단번에 끝냈다.

"팀장님 성질, 기가 많이 죽었네요. 그때에 비하면." 4년 전 함께 일한 직원이 보낸 쪽지다. 첫 책 출판기념회 때 사회도 맡았었다. 서로 다른 부서에 있으면서 점심시간에 운동도 함께 했다. 그러니 볼 거 못 볼 거 다 본 사이. 나름 나에 대해 객관적이라 할 수 있다. 자기 딴에는 엄청 황당할 법한 일인데 먼 산 바라보듯 달관한 표정인 내가 떠올라 보낸 메시지란다. 자비심에서 비롯되었든 귀차니즘이나 시간관계로든 운동을 한 이후로 얼굴 붉히는 건수가 극명하게 줄었다(줄은 게 이 정도).

인내심이 있어야 운동을 하고 운동을 하니 인내심이 길러진다고 생각하던 터에 댄 스트러첼의 『부자의 패턴』에서 이심전심 문장을 발견했다. "규칙적으로 운동하고 적절한 영양을 섭취하면 몸 건강뿐만 아니라 인생에도 똑같은 효과를 준다……. 집중력이 높아지고 예민함은 줄어들고 압박을 받는 상황에도 견딜 수 있는 충분한 자제력을 갖게 되어 자신이 믿는 진정한 가치에 부합하는 방식으로 대응할 수 있다." 찌찌뽕!

운동으로 몸이 변하는 게 끝이 없듯 정신적 변화도 마찬가지다. 어려서부터 오빠와 친척들은 내게 이해력이 왜 그리 떨어지냐는 소리를 했다. 사투리 그대로 표현하면 "투미하다"였다. 남들 이해할 때 혼자 버벅대는 거 나도 안다. 그땐 그게 창피해 이해가 안 되어도 그 자리에서는 고개를 끄덕였다. 하나도 이 모양이니 여러 일을 동시에 하는 건 늘 스트레스였다. 직원이었을 당시 실장님에게 한소리 들었었다. "상사가 여러 개 업무를 지시하더라도 직원 자신이 우선순위에 따라 처리하는 거지, 어떻게 한 가지 일 다 할 때 맞춰 지시하느냐." 멀티플레이어는 아무나 되는 게 아니라 생각했는데…….

"어떻게 그 많은 일을 다 할 수 있어요?"라는 질문을 받는다. 한 가지 일을 부풀려 포장하거나 드러나는 일만 한 것 같지는 않다. 하루 총량은 그대로인데 우선순위만 바꾼 것일 수도 있다. 아무리 그렇기로서니 전에 비해 훨씬 더 많은 일을, 훨씬 더 적은 오류로, 훨씬 더 빨리 처리하겠는가. 시간이 꽤 걸릴 거라 생각했는데 의외로 남는 경우가 많아졌다. 운동량이 쌓이면서 되돌아가는 경우가 적어졌다. 일명 삽질. 기억을 못해서, 집중이 안 돼서, 결정이 흐려서 이미 한 일을 되풀이하는 게 줄었다. 새로운 걸 더 하기보다 되돌리는 일만 줄여도 시간적으로나 질적으로나 크나큰 이득이다. 몸에 좋은 걸 더 취하느니 해로운 걸 내치는 게 나은 것과 같은 이치다. 운동의 효과는 실로 놀랍다.

내가 명석한 두뇌로 변신해 하는 말이 아니다. 난 잃어버리기 선수였다. 신용카드 할인 혜택으로 대가족 끌고 승용차로 이동해 외식한 적이 있다. 비싼 집을 뭣 하러 가느냐, 거기까지 왜 가느냐, 그래도 덕분에 이런 뷔페집을 다 와본다며 하하호호 잘 먹고 나와 계산하는데 카드가 없다. 집에 두고 온 것이다. 지갑, 가방, 시계, 반지, 휴대폰, 신발, 모자, 장갑, 화장품, 우산…… 살면서 내가 잃어버린 물건들이다. 잃어버린 물건의 자산가치보다 찾느라 잃어버린 시간이 더 아깝다. 운동을 한 이후로 잃어버린 물건이 없다. 홍보부에서 일할 때 회사폰(업무용 휴대폰)을 잃어버린 적이 한번 있었는데 집 앞 약국에서 바로 찾았다. 코로나19로 나다니지 않아 그럴 수도 있겠으나 비가 그친 적은 없었으니 내겐 엄청 큰 성과다. 단 한 개도 두고 온 우산이 없다는 것. 이젠 나도 일회용 우산에서 벗어나 나만의 안심우산을 당당히 들고 다닌다.

회의 일정이 잡히면 전날 달리기를 했다. 외부위원, 임원, 실장급들 회의에 배석한 적이 있다. 외부위원 질문을 꽤나 받았다. 누가 시킨 것도 아닌데 내가 마이크를 잡고 설명하는 게 아닌가. 내 안에서 말을 할까 말까 고민한 흔적도 없이 무조건반사적으로 어르신들 앞에서 내가 답을 하고 있었다. 예전 같았으면 홍당무얼굴에 모기소리로 속사포였을 텐데 이게 웬일. 아, 미리 맞았다. 전날 밤 30분 달리면서 얼굴은 불타는 고구마였고 심장과 호흡은 달음박질쳤다. 이미 겪은 일이다. 억지로 웃으면 뇌가 속아 넘어가 진짜로 기분이 좋아진다더니 운동의 생리적 반응도 다른 상황에서는 운동인 줄. 마누엘라 마케도니아는 『유쾌한 운동의 뇌과학』이란 책에서 몸은 뇌를 담는 그릇이라며 기억을 담당하는 해마, 주의력을 포함한 인지적 통제, 차단까지 겸비한 멀티태스킹이 일어나는 걸 운동하는 동안 뇌 영상 장비로 입증했다. 인간의 해마는 20세부터 매년 1~2퍼센트씩 쪼그라드는데 40세가 되면 최소 20퍼센트를 잃고 해가 거듭될수록 새로운 것을 기억하기가 점점 어려워진다고 한다. 나야 40 넘어 운동해 뇌가 역행했지만. 해마에도 근육이 붙는 건가.

물리적 갱년기는 왔지만 심리적 갱년기는 아직이다. 운동 예습으로 어쩌면 바람 따라 흘러갈 수도. 고3 되는 아들도 사춘기가 언제 올지 모르겠다. 식구들 모두 여태 아이에게 낌새를 못 느꼈다(우리가 둔한 건가). 아이 사춘기도 운동에 묻어간 건 아닌지. 운동을 하면 세상엔 재밌는 일이 참 많다는 걸 알게 된다. 졸지에 도인 된다. 덕이 넘치는 인간이라서가 아니라 다른 재미난 일들로 가만있게 된다. 운동은 단순한 삶으로 가는 지름길이다. 열 받아서 흥분하든 좋아서 흥분하든 뭐 그리 대수인가. 삶을 갱신하는 시기인 갱년기, 올 테면 오라지.

자연이 흘러가는 대로, 시간이 흐르는 대로 내맡기는 게 순리라 했다. 그 말인즉슨, 몸이 흘러가는 대로, 몸에 맡기는 게 순리란 말씀.

여름. 몸에 근육 꽃 피다

11

운동세계에도
위아래가 있다

일단, 운동을 해야겠다는 마음을 먹었다면 저마다 목표와 이유가 있을 것이다. 내가 통증 퇴치였듯이. 누구는 다이어트나 체력일 수 있고 누구는 대회가 버킷리스트일 수 있다. 더 구체적으로 뱃살, 팔뚝살인 경우도 있다. 목표를 위해 운동을 선택하고 프로그램을 따른다. 테니스든 골프든 수영이든 그걸 해내기 위해 필요한 동작을 트레이닝 한다. 헬스도 근육을 잘 쓰기 위해 나름 원칙이 있다. 난 운동을 마지못해 선택한 거라 기본기만 갖추려 했다. 즐기는 것도 기초체력이 생긴 후에나 가능해 첫 운동으로 헬스를 선택했다.

　팔다리를 움직이기만 하면 되고 노력해서 무게를 들기만 하면
될 터이니 나름 쉬워 보였다. 댄스처럼 외울 것도 없어 편하려니
했다. 그리 쉬우면 혼자 하지? 뭐부터 어떻게 시작해야 할지 막막
했다. 가장 중요한 건 내 상태를 모른다는 것. 더군다나 질병이 있
는 상태에서 무슨 운동을 어느 범위까지 할 수 있는지가 관건이
었다. 몸을 먼저 알아야 운동이란 것도, 동작 하나하나에도 접근
할 수 있다. 어느 동네에 무슨 근육이 사는지를 알아야 움직임도
제대로 나온다.

　어떤 운동을 먼저 하는가는 중요치 않다. 재미를 미끼 삼아 움직
였다면 그걸로 족하다. 난 운동 기술보다 몸의 기능 회복에 주안
점을 두었다. 내 몸부터 컨트롤하고 변화를 지켜보면서 몸을 사랑
하게 된 케이스. 단순히 운동 실력이 늘었다면 '성취감'에 그쳤을
텐데 운동을 하지 않는 일상에서도 근육이 느껴져 '존재감'을 얻
었다. 헬스가 몸에 감사하는 단초가 되었다. 헬스세계에 한 배를
탔거나 탈 의향이 있는 이들을 위해 본운동에 앞서 가야 할 방향
으로 뱃머리부터 돌린다.

　회사 근처 헬스장에서 이제 막 헬스를 등록한 듯한 젊은 친구들
을 만났다. 팔뚝살이 고민이라는 대화를 나누며 덤벨 잡고 팔운동
을 하고 있었다. 운동이 처음이라면 팔운동부터 하는 게 효율적이

지는 않은데 운동에 크게 먹은 마음까지 달아날까봐 초를 칠 순 없고.

"삼두근 운동을 하시는 것 같은데 좀 도와드릴까요?"

오지랖 아줌마로 느껴질까봐 마스크 밖으로 볼록 광대뼈와 반달눈을 내밀었다. 상대는 무표정이었지만 'YES'로 해석. 운동을 시범 보이고 팔을 잡아주었다. 고맙다는 인사를 두세 번 하고는 알려준 대로 연습했다. 헬스를 처음 하는 아들(당시 중1)에게는 성향에 맞을 것 같은 등운동을 알려주었다. 70 넘어 헬스장을 처음 가본 엄마에게는 안정적인 하체 기구운동을 알려주었다. 직원들에게는 회사 헬스장 내 밸런스 잡는 기구 하나를 알려주니 신세계란 표정으로 줄서서 돌아가며 연습했다. 혼자 할 때 대비해 다른 기구도 설명했다. 꽤나 만족하는 표정이었다(자의적 해석은 움직이게 하는 힘이 있다).

사람들 모습 보니 나의 올챙이 적 시절이 떠올랐다. 다른 사람도 목마를 수 있겠구나. 돌아가는 길일 수 있겠구나. 운동은 멋모르고 함부로 덤빌 일이 아니다. 효과는 고사하고 자칫하면 평소 취약했던 부위가 통증으로 발현되기도 한다. PT 받기 전에 필라테스 잠깐 따라했다가 운동 이후 엉뚱한 곳이 아팠다(어깨 아파했는데 어깨통증이). 몸무게는 빠졌을지언정 몸은 더 틀어졌다. 운동을 아침에 하는 게 좋은지, 저녁에 하는 게 좋은지도 궁금해 한다. 내가 접한 책의 대부분은 호르몬, 신경계, 활력과 숙면 방해 측면에서 대체로 아침운동을 권했다. 하지만 나는 라이프스타일과 성향에 맞는 시간이 운동하기에 가장 적합한 시간이라 생각한다. 내 생활에서 더 마음 편하고 더 기분이 좋아지는 시간대가 해답이다. 그렇게라도 움직이는 게 꼼짝 않는 것보다 낫고 연구에서도 자발적 움직임일 때 운동 효과가 크게 나타났다. 데이먼 영은 『인생학교 지적으로 운동하는 법』에서 운동을 모험으로 여겨 유익한 자극제가 되도록, 자기 존재의 불완전함을 깨닫고 부족한 점을 채워나가는 방법으로 활용하라 했다.

수영장에 바로 뛰어들기 전에 준비운동을 하듯 나만의 운동 전략을 생각해보자. 하다못해 내가 운동을 하는 목적이 근력을 키우려는 건지, 근지구력인지, 근비대인지, 다이어트인지, 유연성인지 등을 미리 잡아두는 게 좋다. 그래야 혼자 하든 누군가의 도움을 받든 '운동'이라는 카테고리에 싸잡아서 '효과'를 운운하는 분쟁 소지도 적다.

영화 <한산>에서 이순신이 몇날 며칠을 전략 짜는 데 고심하는 장면이 나온다. 결국 전략 덕에 승리했다. 무턱대고 글부터 썼을 때 승진시험에서 떨어졌다. 논술 한 시간 중 25퍼센트를 목차 짜는 데 쓰고 나머지 시간에 글을 썼을 때 합격했다. 전술이 좋아야 결과가 좋다. 실패한 결과라도 전략이 있어야 수정이 쉽다(이 책도 한 달을 목차에 할애했다).

필라테스도 굵직한 기본원리를 충분히 숙지한 후 동작 하나하나를 배울 때 시간 대비 효과가 높았다. 운동 정보도 많고 종류도 넘쳐난다. 난 참 복도 많다. 헬스와 필라테스 선장을 잘 만났으니. 가짓수가 많은 만큼 운동세계의 스승도, 티칭 역량도 위아래가 있었다. 천차만별.

세워놓은 전략이 실행되면 더 높은 곳을, 더 많은 걸 바라게 된다. 한도 끝도 없는 게 사람 욕심인지라 운동도 손안에 넣으면 과해진다. 아무리 그래도 운동은 다른 보상이나 중독과는 결이 다르다. 구렁이 무서워 장 못 담그랴. 칼이라도 뽑고 걱정하자.

운동 방법에 위아래가 있는 거지, 운동으로 맺어진 연대 안에서는 애고 어른이고 없다. 운동을 함께하는 세계만큼은 같은 목적의식으로 하나가 된다.

12

틈만 나면 딴생각 말고
의식주 운동을

중년. 집에서든 직장에서든 질병으로든 어중간하게 낀 세대다. 내 의지와 관계없는 일들도 자주 끼어든다. 어느 연령대나 마찬가지이겠지만 특히 사건도 많고 생각도 많은 게 40, 50대다. 나를 중심으로 돌아가는 세상과 하늘 뜻에 따라 살아가는 세상 사이에 걸쳤다. 공자도 그래서 불혹不惑이니 지천명知天命이니 한 듯하다. 이래저래 내 시간 뺏기기에 딱 좋은 시기다. 시간도둑에서 살아남는 나만의 원칙으로 '의식주意識住 운동'을 한다. 일상 움직임에 의식을 넣어 주인노릇 하는 것. 일종의 틈새 운동이다.

일상. 사전적 의미는 '날마다 반복되는 생활'이다. 대개는 일하지 않는 여가시간으로 흔히들 말한다. 운동시간을 다른 볼일 보고 남는 시간으로 생각하듯이. 대부분 일상 운동을 집이나 회사에서 자투리 시간을 내어 하는 가욋일로 소개한다. 별도 장소에서 하는 게 아니라는 측면에서 일상 운동이나 의식주 운동이나 결은 같다. 헌데 일상 안에서 운동을 한들, 제아무리 쉬운들 별도로 시간을 내어야 하고, 시간 내어줄 마음이 전제되어야 한다.

　하여, 일상에서 어차피 해야 하는 일에 움직임을 얹는다. 일상 따로 운동 따로 시간 따로가 아닌 지금 하는 일에 운동 원리를 적용해 의식을 집중한다. 운동을 많이 알수록 더욱 다채롭게 써 먹는다. 현재 하던 일도 기꺼이 하게 되고 움직임의 실천력도 높아진다.

　세탁기에 빨래 돌리는 건 좋지만 가져다 너는 건 질색이었다. 그러던 사람이 빨래가 한가득인데 극구 내가 하겠다고 나선다(하체와 등근육을 자극할 기회). 다른 사람이 할까봐 밥 먹는 초장부터 설거지에 찜한다(복근과 고관절 느끼는 절호의 찬스). 집에서는 내가 짐꾼이다. 무거운 짐 나르는 일 자체가 데드리프트다(들어올리는 전신 근육 자극). 작년 이사할 때 팔꿈치에 큰 짐을 끼운 채 그 손으로 또 짐을 들었다. 너무도 당연하게 주렁주렁 매단 모습에 나도 놀랐다(폴댄스에서 팔꿈치 하나로 지탱하는 '엘보우' 동작).

회사에서도 물통을 꽂아 쓰는 정수기 시절에 피하고 싶은 상사가 아닌 직원들이 기다리는 상사였다. 정수기에 물이 떨어지면 여직원 두세 명이 달라붙어 바닥에 놓인 물통을 들고 거꾸로 뒤집어 정수기에 끼웠다. 조직이란 뭐니 뭐니 해도 효율성이지. 소요 인력 1인으로 감축시켰다. 물이 달랑달랑 남았으면 내가 나타나 유도의 업어치기처럼 물통을 내리꽂았다. 허벅지-엉덩이-척추-등-어깨-팔 근육을 시리즈로 맛보는데 마다할 리가 있나.

그밖에도 몸이 움직이는 순간순간은 물론 앉거나 서 있는 자세에서도 의식 넣을 틈새 운동은 줄을 섰다. 처음에는 근육신경 쓰느라 현재 하는 일에 집중이 안 될 수 있다. 각자 집중할 때 편안한 자세가 있고 그 자세를 고수해야만 집중이 잘 될 수도 있다(처음은!). 하지만 근육은 습관이라는 미명하에 '불편함'을 금세 '적응'으로 되돌린다. 근육은 움직일 때나(등장성 수축) 버틸 때나(등척성 수축) 모두 발달한다.

일상에서 틈틈이 누적한 의식주 운동의 효험은 가히 티끌 모아 태산이었다. 작은 습관을 종교처럼 믿게 되고 긍정적 결과라는 마음의 부적도 생겼다. 작은 성취감은 나에 대한 믿음과 자부심은 물론 다른 게 또 뭐가 있을까 일상을 기웃대는 활력으로 번진다. 운동 실력에도 기부하지만 틈새 운동의 칼로리만 합산해도 한 끼 식사는 충분히 소진되니 다이어트의 플라시보 효과도 본다. 마흔 여섯에 필라테스를 배웠다. 사십 평생 누린 자세를 중립으로 뜯어 고치기란 유전자를 조작하는 일만큼 버거웠다. 7개월이 흐른 후 필라테스 수업 중에 척추골반 중립 자세가 너무 좋아졌다고 칭찬받았다. 일상 속에서 중립이라는 의식 주사를 몇 방이나 놓았는지 모른다. 실력과 집중력이 좋아져 시간 절약은 물론 일의 효율성도 높아졌다. 운동을 마흔 넘어 시작한 터라 의식을 집중할 수밖에. 늦게 배운 도둑질이 그래서 무섭나보다. 의식 없는 일은 잃어버린 시간을 거꾸로 돌리는 것 같았다. 입으로 들어가는 음식조차 내장 근육이 움직이는데 의식을 집중한다. 똑같은 식사시간이더라도 맛, 양, 감각을 생생히 기억한다.

움직임에 의식 넣는 게 습관이 되면 현재에 몰입도 잘 된다. 쓸데없는 생각이 빠져나가 현재만 고스란히 남으니 당연한 결과다. 의식은 현재의 나를 주연으로 연출한다. 딴생각할 겨를이 없다는 건 할 일이 많아서가 아니다. 움직임에 의식을 집중하느라 한 치의 여유도 없어 하는 말이다. 남을 의식하던 화살도 나를 겨냥해 쏜다. 빈 틈 없이 살면 자신이나 보는 사람이나 답답할 수 있다. 일과 일 사이에 공간이 없으면 질식할 것 같다. 하지만 움직임과 의식 사이에 빈틈이 없으면 마음과 근육이 꽉 찬 느낌이다. 몸에 배면 설사 움직임이 없더라도 부정적인 생각에 앞서 사색을 즐기게 된다.

입고 먹고 사는 의식주. 옷, 음식, 집만큼이나 중요한 게 의식의 주인으로 사는 것이다. 이 원리를 진즉 알았더라면 우울할 새도, 죽고 싶다는 틈도 없었을 텐데. 무기력하면 움직일 마음도, 의식할 기운도 없다. 하지만 의식주 운동은 세수를 하고 밥을 먹고 옷을 갈아입는 움직임 속에서도 얼마든지 가능하다. 별채가 아닌, 피해갈 수 없는 한 지붕이나니.

하버드 대학교의 심리학 교수 엘렌 랭어는 『늙는다는 착각』에서 호텔 객실 청소원을 대상으로 한 유명한 연구를 소개하는데, 운동이라고 생각하며 일한 청소원이 별개라고 느낀 청소원보다 체중과 체지방이 낮아진 게 이는 사고방식이 생리기능에 지대한 영향을 미쳐서라고 한다. 또, 정신의학자 다가하시 가즈미는 『사람은 달라질 수 있다』에서 늙었다고 말하는 순간 늙기 시작한다며 '기대와 해석'으로 인한 놀라운 질병 치료효과를 말한다. 황농문 교수도 『몰입』에서 한 분야를 전문적으로 잘 하기 위해서는 틈나는 대로 그곳에 의식을 집중하라 했다.

이렇게들 난리인데 의식적으로 움직이지 않고 배길 수 있나. 의식혁명이란 게 뭐 별거인가. 의식해서 움직인 게 내 삶에 대박이면 그게 의식혁명이지.

13

이래저래 털린 날도 괜찮아,
삼합 메뉴가 있으니

이제껏 살면서 삼시세끼가 무너진 적이 없다. 식후 양치질도 할까 말까 고민없이 일어난다. 왜 운동은 그런 게 없을까. 제아무리 일정이 틀어지고 변수가 생겨도 과일을 먹든 샌드위치로 때우든 끼니는 꼬박꼬박 챙기면서 운동은 왜 거를까. 운동을 시작하지 않았다면 이런 생각도 들지 않았다. 배울수록 시야와 사고가 트는 법이니. 세상이 무너져도 이것만큼은 꼭 한다, 하루 세끼 밥값은 한다는 일념하에 정한 것이 하루 세 가지 운동, 일명 '삼합 메뉴'다. 밥 먹는 시간만큼 수십 분 걸리진 않는다. 의무감에 맛 떨어질

라. 평소 하던 운동 중 마음에 드는 동작을 택한다. 마음에 드는 게 없어 못 하겠다면 아직 내 마음을 잘 모르는 거다. 더 탐색해보시라. 일상에 스며들 수 있는 움직임으로 빠져나갈 구멍은 주지 않는다. 솟아날 구멍은 있게 마련이니.

4년 전부터 해온 세 가지는 스쿼트, 푸시업, 크런치다. 난 뭘 한 김에 곁다리로 얻어 걸리는 걸 좋아한다(가장 좋아하는 왕도 '이왕'). 나간 김에, 들른 김에 평소 밀린 일을 해치우는 스타일이다. 그러다 보니 운동에서도 성향이 나타난다.

스쿼트는 무릎을 구부리지만 허벅지, 엉덩이는 물론 복근, 등, 척추, 호흡 등 얻는 게 많다. 푸시업도 팔꿈치를 구부리지만 가슴, 등, 어깨, 코어, 엉덩이, 다리, 팔 모두가 자극된다. 크런치는 상체를 구부리지만 복근 특성상 할수록 늘고 덜 지친다. 뭔가를 볼 수도 있다. 스쿼트는 양치질, 푸시업은 기상알람으로도 가능하다. 이거 믿고 다른 운동도 묻어가려는 게 부작용이라면 부작용, 내 시간을 더 내지 않으려는 게 굳이 문제라면 문제다.

횟수는 각각 10회 이상을 걸어두었다. 하다 보면 횟수를 절로 올리게 된다. 이를 덜 닦았다든지, 읽던 문장 마저 보려고 횟수를 넘긴다. 분명 그 숫자만 하려고 뛰어들었다가 몸이 가벼운 날은 다 합쳐 3분이면 떡을 칠 걸 5분도 넘긴다(대단한 인심). 몸이 버거운 날은 본전이다. 하루 중 5분을 그냥 흘려보낸 적이 얼마나 많은가.

누군가를 위해 단 5분이라도 내어주었던가. 누굴 위해 쓴 것도 아니고 쓸데없는 생각으로 5분을 채웠다면 '삼합 운동'으로 바꿔치기하는 게 낫다.

세 종목 걸어두면 횟수도 횟수지만 그 외 운동도 생각난다. 한 가지에 몰입하면 뇌는 다른 것까지 연계해 끌어들인다. 애초 아무것도 없었다면 넣고 빼고 조리할 여지도 없다. 간단하지만 1분에 세가지 동작을 열 개씩 했어도 오늘 세 가지 일을 완수했다는 기쁨에 위대한 사람이 된 것 같다. 결코 1분으로 기가 죽거나 수준 낮은 사람 같지는 않다. 마음껏 팔이 안으로 굽는 시간이다.

비가 와서, 갈 수가 없어서, 시간이 없어서라는 말들을 무색하게 한다. 뭐 때문에 운동을 못했다는 원망감과 남 탓, 상황 탓도 쏙 들어간다. 운동처럼 느껴지지 않는 세 가지라 더 하면 더 했지 꼼수 부릴 생각은 못 한다. 작은 것이라 하더라도 한번 멀어지면 영영 멀어진다. '다시 시작'하는 마음만큼 세상에서 먼 길도 없다. 운동과 종교가 특히 그렇다.

삼합 운동으로 어제 받지 못한 자극을 더 깊게 느낄 때도 있다. 방법도 다양해 질리지 않는다. 요즘에는 말린 어깨와 돌아간 발목이 눈에 거슬려 어깨운동과 발목 스트레칭도 끼웠다. 스쿼트와 크런치가 빠진 삼합 메뉴가 되기도, 5첩 반상이 되기도 한다. 하루하루 다른 게 인생이고 하루하루 다른 게 내 맘이니.

어깨와 발목은 하루를 마감하는 시간과 어울린다. 맞춤옷처럼 내게 맞는 동작을 일단 정하면 그에 맞는 상황이 연출된다. 푸시업은 새벽, 스쿼트는 낮, 크런치는 밤이었다. 해가 떠 있는 동안 벌어진 일들을 어깨와 발목이 감내했으니 달이 떴을 땐 어깨와 발목을 풀어주는 게 인지상정이다. 게임 아바타나 카카오톡 이모티콘을 설정하는 것처럼 때와 장소에 맞는 나만의 동작을 만들다 보면 그리 피곤하지 않다. 움직이지 않아 등 떠밀려 느끼는 피곤과 이 짓 하느라 자처한 피곤은 결이 달라도 너무 다르다.

작은 게 모여 큰 뜻 이룬다는 말이 절로 튀어나온다. 하루라는 달력에 동그라미 세 개가 쳐질 때 요술램프의 세 가지 소원을 이룬 것 같다. 철인3종 경기를 뛰어야만 대단한 사람인가. 매일 조금씩 철인3종만큼 쌓으면 된다. 일시불을 할부로 긁는다고 어디 덧나랴. 돈이 한 장 두 장 쌓여갈 때 눈이 즐겁다(마음도). 근육이 한 근 두 근 쌓일 땐 오감이 즐겁다.

세상은 불규칙적 밥상을 차린다. 나만의 규칙적 반찬이 있느냐 없느냐에 따라 하루 맛이 다르다. 단 몇 분, 단 몇 개의 루틴이 일상의 음 이탈을 막아준다. 삶의 필수 영양소 운동-글쓰기-독서도 삼첩반상 거하게 차려보자. 세상을 바꾸는 세 가지가 될 수도.

삼합 메뉴 채우고 나니 소화제로 스트레칭도 복용해야 할 것 같은…… 꼭 이런다. 운동하다 보면 식탐에 빠지게 된다는 사실.

14

계산적인 사람보다는
감각적인 사람이어야

 사람들은 숫자에 약하다. 가격 앞에서, 순위 앞에서, 마감기한 앞에서…… 숫자를 보면 부담감부터 몰려온다. 하물며 운동에서 자주 언급되는 세트 수와 반복 횟수는 오죽할까. 효과는 고사하고 기껏 마음먹었는데 숫자가 초를 친다. 『푸시업 100개 하기』라는 책보다 푸시업 한 개를 내건 『습관의 재발견』이 더 끌리는 이유다. 성과 달성에 목표와 반복 숫자도 좋지만 '강제성'이 끼면 마음은 어디로 튈지 모른다. 쌓이면 폭발하는 게 어디 습관뿐이랴. 감정도 마찬가지. 중간에 때려치우느니 한 개라도 지속하는 게 낫다. 음식 남는 꼴 못 보고 일 쌓인 걸 못 참는 성격이라 숫자와 멀어지는 연습이 필요했다. 지시나 명령어에 청개구리 기질까지 있으니 스승 덕에 나발 불었다.

　아이비 헬스 트레이너는 비유를 들어 설명해 나와 케미가 맞았다. 가령, 가슴근육 키우는 기구가 있는데 의자에 앉아 가슴 옆 손잡이 잡고 밀어 올리는 동작에서 자꾸 손목이 꺾이는 내게, "고양이 세수하듯이 뿌잉뿌잉 하지 말고 내 손이 휴대폰 거치대려니 생각하고 잡아보세요. 거치대 위에 휴대폰이 얹어지듯이 살포시 잡아봅시다." '어깨, 승모근이 따라 올라가지 않도록 손에 힘 빼고 손목과 수평으로 밀어 올리세요'라는 딱딱한 소리보다 백 번 낫다. 감정과 감각은 떼려야 뗄 수 없는 사이다. 혼자 연습할 때도 휴대폰 거치대를 상상하며 움직인다. 지루하지 않아 또 하게 된다. 고양이 세수로 돌아갈까 무서워 한 번은 더 한다. 근육이란 게 자극하면 할수록 같은 곳은 더 깊어지고 새로운 곳은 나쁘지 않은 낯선 감각이 들어선다. 근육이 깊다 못해 평소 생활 속에서도 느낀다. 이렇게 자극받으면 근육 모양이 상상되고 그럼 또 확인하고 싶어진다. 궁금함에 또 운동하게 되고. 이건 뭐 비빔밥이 짜서 밥 더 넣고 싱거우니 나물 넣고 짜서 또 밥 넣고 초장까지 넣는 식이다. 운동의 지속성은 역시 감정싸움이다. 아니, 감각이 감정 위에 있다. 분명 조금 전까지 다른 일로 감정이 상해 있었는데 근육 자극에 정신 팔린 나머지 감정이 희석된 경우가 한두 번이 아니다.

몸 정렬이 틀어지고 코어 세계가 하도 궁금해 필라테스를 배웠다. 한창 필라테스 시장이 경쟁일 때 나 역시 시장경쟁원리로 먹고사느라 필라테스는 스치는 인연이었다. 뒤늦게 탑승한 만큼 심혈을 기울여 지도자를 찾았다. 오은영 대표와 이가람 마스터다. 그들 표현은 이렇다. 척추 회전운동을 할 때는 골반도 따라 돌아갈까봐 "맷돌을 돌린다" 하고 스완(엎드려 상체 하체 위로 뻗는) 동작에서는 "등 뒤에 큰 애드벌룬이 있다" 한다. 엎드려 누운 동작에서는 긴장 풀려 뱃살이 철퍼덕 늘어지는데 "배꼽 아래 뜨거운 프라이팬이 있다"는 말로 척추와 골반을 중립으로 만든다. 수백 가지나 되는 동작 하나하나에 이미지 큐잉이 있어 혼자 연습할 때도 분수대 물 뿜어내듯이 옆구리 복근을 자극하고 창으로 찌르듯이 발끝 뻗어 햄스트링을 자극한다.

목이고 어깨, 등이 다 쑤실 때 헬스장에서 좋아하던 기구가 있었다. 등근육 자리 잡는 데에도 한몫했던 CHIN ASSIST 기구다. 이론적으로는 어깨 내리고 턱걸이 하듯이 양팔로 당겨 몸을 들어올리는 동작이다. 내 머리가 손잡이를 넘어 솟아오를 땐 태양이 뜨는 것 같고 내려올 땐 석양 같다. 광배근이 자극될 때 독수리 날개 돋는 느낌이다. 특히 내려올 때 광배근을 이완시키면서 천천히 놓아주어야 운동 효과도 최대치다. 삶을 겸허히 내려놓듯이. 기구 사용법이나 운동 원리를 몰라 자이로드롭처럼 내려오는 사람 여럿 봤다. 운동하는 모습은 어쩐지 모르겠고 떨어지는 굉음에 시선 집중 됐었다. 이 기구에서는 '(망신)추락주의'를 요하니 횟수에 욕심내기보다는 감각 살려 제대로 운동하는 편이 낫다.

스트레칭도 마찬가지다. 찢어지는 아픔이 있어야 늘어난다고 생각하는 스트레칭. 시원함과 찢어지는 고통은 엄연히 다르다. 당기지만 참을 수 있는 가벼움인지, 기타줄 튕겨 나갈 듯한데 이 악물고 버티는 건지 몸에 집중한다. 나의 참을성이 타이트한 건지 느슨한 건지도 감각에 집중하면 분별된다. 스트레칭 하면서 근육이 파열되고 인대가 나갈 것 같은 고통이었지만 벌어진 일이라고는 관절 각도만 열렸으니 내 인내심이 문제였던 것. 실제로 운동 중에 다치지, 스트레칭을 하면서 찢어지는 경우는 거의 못 봤다(부상을 막으려고 하는 건데 다치면 쓰나). 이완되는 근육도 계속 자극받다 보면 마사지 저리 가라 사우나 저리 가라로 중독되는 순간이 온다.

몸에 근육들이 어떻게 생겼는지 큼지막한 거라도 눈으로 한번 훑어보면 좋다. 근육의 모양과 결이 다 달라 머릿속에 근육 사진을 넣어두면 움직임의 질이 달라진다. 이미지를 떠올리는 심상 효과는 과학적으로도 입증되었다. 효과도 효과지만, 되지 않던 동작의 원인도 알 수 있다. 심장만 쿵쾅쿵쾅 뛰는 게 아니었다. 힘 있는 근육에서도 울룩불룩 태동이 느껴진다(아놀드 슈워제네거의 가슴근육은 CG가 아니었다). 처음 멋모를 땐 동작 익히느라 몇 개, 몇 세트에 목숨 걸었다. '무슨 운동을 얼마만큼'에 집착했다. 근육을 어떻게 움직이는지가 관건이다. 놀면서도 공부 잘하는 학생처럼.

되로 주고 말로 받고 싶은 게 운동이다. 이해타산보다는 한 번이라도 감각을 제대로 느꼈는지 가슴에 손을 얹을 일이다. 지나고 보니 수십 개 했을 때의 성취감은 오래가지 않았다. 현재 감각에 몰입하다 보니 어쩌다 달라진 근육에 감동받았다. 노화를 위해 가지 않던 길도 가보고 새로운 것도 느껴보라 한다. 운동할 때마다 새로운 자극을 받아 그런지 세계여행이 세상 안 부럽다. 뭐 멀리 갈 거 있나. 몸에 탑승한 600개가 넘는 근육만 자극시켜도.

나이도 내가 느끼는 감각이 중요하다. 늙었다고 느끼면 연세 지긋한 거고 청춘이라 느끼면 젊은 거다. 난 정신연령은 20대, 신체연령은 30대, 민증(주민등록)은 40대다. 폴댄스반에 대학생들 이야기를 듣고 있노라면 나도 같은 학과인 양 착각하게 된다. 젊게 보이려고 굳이 애쓰지 않아도 그 무리에 속한 것만으로도 이미 젊어지는 샘물을 마시고 끼었었다. 나이트클럽처럼 제재 받지 않는 운동클럽, 이런 자유이용권을 걷어찰 이유가 없다. 운동세계만의 공용어가 있다. 방금 그 동작에서 척추기립근을 사용했는지, 대둔근 써서 다리를 뻗었는지…… 우린 느끼는 감각을 말하지 나이를 말하지 않는다. 엘렌 랭어의 『늙는다는 착각』이라는 책에 소개된 유명한 실험이 있다. 시간 거꾸로 돌리기 연구다. 걸음도 제대로 못 걷는 70, 80대 남성에게 20년 전 상황으로 돌려 그때 당시 영화나 스포츠 등이 현재인 양 생활하고 집안일도 직접 수행하는 미션을 주었다. 시간이 지난 후 그들은 50대로 보이는 효과까지 나타났다. 우리가 그 나이에는 그럴 것이라고 나이를 한계 짓는 게 문제라는 메시지다. 내가 20대라 생각하고 행동하면 몸도 그리 된다는 것.

나의 육감은 오감에 얹은 '바디감'이다. 근육을 느끼면서 눈치도 빨라진 듯하다. 이젠 질문도 달라졌다. '그 운동 몇 개 했어?'가 아닌 '어디를 어떻게 느꼈어?'로. 숫자에 민감한 계산적인 사람보다 육감에 민감한 감각적인 사람이 매력 있다. 이동하면서 휴대폰으로 글을 적어 버릇하니 손가락감각도 길러졌다. 그렇게 쌓인 메모가 책이 되고 임원 상황보고서도 되었다. 출근길에 원장님을 만난 적이 있다. 원장님은 내게 노트북을 들고 다니느냐 물었다. 현장 상황을 속기해 실시간으로 보고한 일을 두고 한 질문이었다. 휴대폰 문자였다고 하니 어떻게 그리 빨리 쓸 수 있느냐며 신기해했다. 크든 작든 근육은 여자 하기 나름이에요! 감각만 살아 있다면 세상에 안 될 일도 별로 없다.

그런 의미에서 손가락 말고 다른 감각 느끼러 출발.

15

말뿐인 체력은 저리 가라,
나이야가라

요즘 왜 그렇게 피곤하냐며 세월 탓하는 소리를 부쩍 듣는다. 이 말을 하는 사람 중 20대도 있으니 그들은 날씨 탓인가. 난 체력이 좋아진 건 분명한데 기분 탓인지도 모르겠다. 우린 저마다 체력을 피곤하네 마네로 때려 맞춘다. 매일 아침 다섯 시 반에 일어나 필사, 푸시업, 턱걸이, 글쓰기, 출근 준비, 아침식사 후 한 시간 이동, 9 to 6 근무를 한다. 하루는 함께 일한 직원이 부산에서 서울 출장 온다며 그때 당시 일한 팀원 모두 같이 보자 했다. 약속장소까지 왕복 세 시간, 릴레이 일정으로 체력 소모도 많은데 체력평가나 받아볼까.

'국민체력100 체력인증센터'는 전국에 76개다(2022년 12월 기준). 성남시민답게 성남센터를 방문했다. 100세까지 건강하게 살자는 의미에서 간판에 '국민체력100'이 붙었다. 홈페이지나 전화로 사전 예약하는데 나를 위한 날인지 10월 한 달 중 하필 그날 딱 두 자리가 비었다. 때마침 비슷한 연령대 여성도 있어 외롭지 않게 됐다. 대한체육진흥공단에서는 체력을 주변 환경 변화에서 오는 각종 스트레스를 견뎌내는 '방위체력'과 운동을 일으키고 지속시키며 조절할 수 있는 '행동체력'으로 규정한다. 행동체력에는 건강요소와 운동 요소 각 4개로 총 8항목이 있는데 그 중 규칙적인 운동 여하에 따라 에너지가 오르내리는, 변수가 심한 6개 영역을 평가한다.

근력, 근지구력, 심폐지구력, 유연성, 민첩성, 순발력이다. 이게 좋으면 굳이 체력을 나눌 것도 없이 스트레스를 잘 견딜 것만 같다. 인증등급은 1등급부터 3등급까지다. 6개 항목 모두 인정기준보다 높아야 등급을 받을 수 있다. 3등급은 인바디(체성분 분석)의 BMI(체질량지수)와 체지방률까지 감안한다. 함께하는 여성은 학교에 제출해야 한다며 너무 떨린다고 했다. 처음 하는데 어떻게 좀 잘 봐달라고 아들뻘 되는 선생님에게 눈웃음치는데 선생님은 표정 하나 바뀌지 않고 "데이터에서 종합적으로 산출하는 거라

제가 어떻게 할 수 없습니다"라는 절도 넘치는 답변을 내놓았다.

평가받기에 앞서 벽에 붙은 인증등급을 보니 같은 등급이라도 몸무게가 적게 나갈수록 기준이 높았다. 아뿔싸, 더 먹고 싶은 걸 반대로 생각하고 애써 밥숟가락 놓고 나왔는데 200그램 차이로 윗몸일으키기도 네 개를 더 해야 할 판. 하긴 비만이 심할수록 숨이 더 차는 법인데 이렇게 머리가 안 돌아가서야. 체력평가 동기인 그 여성과 난 파이팅 심정으로 대형화면 앞에서 팔이 부딪힐 정도로 열심히 웜업 운동을 했다. 인바디 측정으로 레디 액션.

첫 번째 근력 테스트다. 악력으로 측정한다. 나의 목표는 1등급. 23kg만 넘기자. 겨드랑이가 붙지 않도록 양팔 벌려 한쪽 손에 악력기계를 잡는다. 왼손 오른손 각각 두 번 해 가장 좋은 점수를 가져간다. 왼손부터 시작. 29.2kg. 오른손잡이인데다 집과 사무실에서 '(병)뚜껑 열리는 여자'로 통하니 30은 넘기겠구나. 뚜껑은 두 손으로 열어 그런지 뻗은 팔은 달랐다. 그 와중에 웃음은 왜 터지는지. 거저 받은 두 번째 기회마저 웃음으로 날렸다. 스포츠 세계는 냉정하다. 웃는 얼굴에 침은 못 뱉더라도 '다시'라는 기회는 다신 없으니. 공정하게 다음 코스로 이동.

두 번째 근지구력 테스트다. 윗몸일으키기다. 고등학교 때 내가 몇 개를 했더라. 많이 해서 기억을 못하는지 턱없이 부족해서인지는 몰라도 기준 통과는 못한 듯. 양팔 엑스자로 교차해 어깨에 손

올려 양 팔꿈치가 허벅지에 닿고 등이 바닥에 닿으면 한 개다. 등이 닿을 때 '띡' 기계소리가 나야 한다. 몸통이 꽈배기인가 중간에 소리가 나지 않았다. 기껏 올라왔는데 몇 개를 날리는 건가 싶어 나도 모르게 "아니 왜 소리가 안 나는 거예요!" 하고 소리쳤다. 선생님은 "지금 그대로 쭈욱~" "속도대로 열심히!" 1분 흘러갈라 입 다물고 훕! 훕!

세 번째 심폐지구력 테스트다. 코로나19라서 오래달리기를 할 수 없으니 두 가지 방법 중 하나를 선택하라 했다. 트레드밀에서 경사도 걸을래? 아니면 스텝박스 오르내릴래? 첫 번째는 6분 견디면 되고 두 번째는 횟수를 채워야 한다. 출퇴근 때마다 계단을 이용하고 평소 산을 탄 적은 없지만…… 첫 번째요! 숫자에 연연하기보다 몸으로 시간 때우는 게 당근 수월. 평지 걷다가 두 번 급경사를 만난다. 안정 시 중강도, 고강도로 심박수를 세 번 측정해 평균값을 낸다. 스텝박스를 골랐다면 창밖 풍경은 놓친 채 벽만 바라볼 뻔. 경사도가 올라갈 때 선생님은 힘든 정도를 묻는 번호판을 들이민다. 하나도 힘들지 않다고 한들 엄청 힘들다고 한들, 손목에 찬 심박수가 대변할 테니 그저 무념무상.

네 번째 유연성 테스트다. 두 다리 뻗고 앉아 양팔 앞으로 내밀어 상체를 숙인다. 햄스트링과 척추가 얼마나 늘어나나 두고보자는 식이다. 처음에는 허벅지 뒤가 자극될 정도로 팔을 뻗었다. 두 번째는 무릎 편 두 다리가 후덜덜 떨릴 정도로 상체를 허벅지에 붙여 있는 힘껏 팔을 뻗었다. 용은 썼다만 첫 번째나 두 번째나 손으로 밀어붙인 길이는 고만고만했다. 다리는 더 짧고 팔이 더 길었다면 점수가 더 높았을 텐데. 인간이 상체균형을 위해 팔은 짧아지고 직립보행 하라고 다리는 길어졌는데 점수 더 받겠다고 진화를 거스르느니 폴더처럼 연습을 더 하는 걸로.

다섯 번째 민첩성 테스트다. 두 발을 모으고 서 있다가 소리가 나오면 그 즉시 점프해 두 다리를 벌린다. 소머즈가 별명이라 소리는 참 잘 듣는데 듣자마자 가운데에서 원 바깥으로 다리를 이동시키는 게 문제다. 소리도 뜸들이다 애간장 탈 때 나온다. 평소 잘 기다리지 못하는 성미 한 번 들키고 듣고 나서 점프. 평소 남의 말에 귀를 잘 기울이지 못하는 태도도 찰칵. 시간을 더 단축할 수 있었을 텐데 하고 미련을 보이자 선생님은 처음치고 높은 점수라며 목숨 걸지 말라 했다. 점프를 높게 하는 바람에 착지까지 걸린 시간을 탓하지 말고 평소 주변 소리에 민첩하게 반응하는 테스트로 삼자.

마지막 순발력 테스트다. 제자리멀리뛰기다. 윗몸일으키기와 마찬가지로 체력장 추억이 솔솔. 30년 만이지만 해본 거라서, 학창 시절 그렇게 못하던 기억은 아니라서 반갑기 그지없다. 헌데 고등학교 때는 달려서 멀리 뛰었다면 이건 제자리다. 두 번 뛴다고 하니 힘 빠지기 전에 한 큐에 잡자. 욕심이 과했다. 멀리가지 못한 아쉬움에 "아…… 놔……" 소리가 튀어나왔다. 선생님은 "집중, 집중, 자기 호흡대로!" 귀가 얇은 나로서 갑자기 힘이 솟는다. 흐이짜! 앞으로 고꾸라져도 되는 멀리뛰기인데 체조선수처럼 흐트러짐 없이 착지했다. 스쿼트 자세로 척추기립근 세워 착! 이로써 클라이맥스까지 무대는 막을 내렸다.

점수가 집계되는 동안 마무리 몸 풀기 운동을 또 한다. 그러고는 종합점수와 등급, 체력 분석 결과를 들으러 이동한다. 동기 여성은 궁금했는지 일찌감치 와서 결과를 듣고 있었다. 아쉽게도 등급은 못 받고 '참가상'만 얻었다. 나를 담당하는 선생님은 마중 나온 것처럼 일어서서 "아니 이런, 최근에 보기 드문 사례를 제가 만났습니다"로 시작해 따발총을 쐈다. "1등급을 받으셨어요. 1등급이다 못해 1등급 평균선을 뚫고 나온 이 그래프 보이시나요? 같은 연령대의 상위 5퍼센트에 드는 범주거든요. 우리가 특히 중요하게 여기는 근력과 심폐지구력은 건강그래프와 운동처방도 있는데요. 근력 44.1 이상, 심폐지구력 30.8 이상이면 건강한 신호등인데 각각 58.6, 38.3으로 그래프 맨 끝에 가 있어요. 사지도 양쪽 모두 근육량이 골고루 발달한 데다 중심부인 코어와 엉덩이도 근육량이 표준 이상으로 많아 매우 안정적이에요."

등급 판정 설명 시간인지 인터뷰 시간인지 모르게 질문들이 쏟아졌다.

"테스트 오늘 처음 해보시는 거 맞죠? 평소에 어떻게 지내나요? 평소 무슨 운동 하시나요? 언제부터 운동을 시작했나요? 어느 지역에서 운동 하나요? 체육 전공자 진짜 아니죠? 체육 관련 일도 안 하시는 거 맞죠? 그래도 학교 다닐 때 운동 뭐 하나라도 잘 하는 게 있지 않았나요? 평소 어떻게 먹길래 단백질과 무기질 체성분이 이렇게나 환상인 거죠?"

'평소'라는 단어가 열 번 이상은 나온 것 같다. 질문에 답을 하니 '정말'이란 단어도 맞먹게 등장했다. "코로나19 이후 헬스장은 운동 촬영 때만 이용하고 현재 필라테스와 폴댄스만 해요." 풀리지 않는 자물쇠인 양 고개를 갸우뚱하더니 종합결론을 내렸다.

"마흔 넘어 운동을 처음 시작했지만 그때 기본기를 너무나 잘 닦아 놓았고 그사이 꾸준히 잘 단련해 이런 결과가 나온 것 같아요." 자문자답 분위기. 체력 테스트만큼 긴 시간이었지만 먹고 싶은 음식만 골라 먹은 느낌이었다. 한 개만 주는 기념품인데 뿌듯하다며 스포츠양말과 파스, 마스크 전부를 챙겨주었다. 문화체육관광부장관이 준 1등급 인증서만도 괜찮은데 뭘 이런 걸 다. 코로나19 때문에 올해는 체력대회를 못 열었다며 다시 열리면 내게 연락하겠단다. 출전할 사람이 여기 왔다며. 자고 일어나니 스타가 되어 있었다는 말, 감히 조금 느꼈다.

체력인증평가 1등급. 자식이 내신평가에서 1등급 받아온 것보다도 훨씬 기쁘다(통 보질 못해 그런가). 막연함 대 구체성은 일상을 대하는 태도에서도 달랐다. 심폐지구력이 동년배 중 상위 5퍼센트라는 것, 건강검진에서 심혈관계 나이가 39세라는 것. 체력이 좋네, 검진결과가 정상이네보다 손에 잡히는 파워랄까. 퇴근 지하철에서 눈꺼풀이 내려올 때 '체력 5퍼센트가 이러면 쓰나' 하며 눈이 번쩍 뜨인다. 목표나 꿈을 왜 구체화, 수치화하라는지 백퍼 공감.

건강검진은 의무화다. 체력검진도 의무화하기로 했다. 질병이 있나 없나를 보는 것 못지않게 일상을 얼마나 활력 있게 생활하는지도 중요하니까. 사람마다 몸이 다 달라 운동 방법도 모두 다를 수밖에 없다. 다양성을 좋아하지만 책임이 따르지 않는 자유는 칼로 물 베기다. 보편성이라는 책임하에 나만의 특별함을 누릴 때 자유를 더 만끽하게 된다. 체력을 측정하면 군중 속의 나를 알 수 있다. 나의 강점과 약점으로 일상과 운동의 방향성도 점검한다. 문화체육관광부장관이 "체력 좋은 사람"으로 인정했으니 인간문화재로 등재된 건가. "머리 좋은 사람"보다 훨씬 감미롭게 들리는 이유는 뭘까. 나이 탓이란 말 만큼은 자제를 당부한다.

직원들과 식사할 때 밥맛 떨어질까봐 자제하는 말이 있다. 일 얘기다. 역시나 밥맛 떨어지는 얘길 꺼냈다. 3년 전 함께 일할 때 하도 들어 면역은 생겼으리라. 체력인증서 1등급과 상위 5퍼센트 그래프를 밥상머리에서 쓰윽 내밀었다. 음식이 나오고 내가 가장 많이 먹었는데 운동과 체력 얘기에 그런 건 아닌 걸로. 헤어지는 뒷모습에 대고 몸의 중요성을 각인시켰다.

상사는 불편한 게 본질, 이왕 불편한 김에 너희들 체력은 끝까지 감시하노라.

체력 되니 이런 짓도.

16

몸 기둥뿌리 흔들리기 전에
하체에 투자

 살면서 가장 괴롭고 힘들었던 신체 부위는? 누군가가 묻는다면 여지없이 다리라 하겠다. 몸 안에서 일어난 병들은 순발력을 요하는 근력운동처럼 그 순간만 참으면 되었다. 몇날 며칠 고문하지는 않았다. 내 몸에서 지구력을 선보인 염증들도 그곳만 문제지 다른 부위까지 침범하지는 않았다. 그래서 가장 힘겨웠던 건 하체다. 아파서 그 중요성을 구구절절이 느꼈는데 근육 트레이닝의 기본 원리도 큰 근육인 하체부터라고 하니 틀려야 기억에 오래 남는 시험지를 받은 셈이다.

척추관협착증으로 문제는 허리가 일으켰지만 아픈 곳은 하체였다. 허리가 뛰니 허벅지도 뛰는 격. 방사통이 삶을 옥죄었다. 일명 팬티라인이라 불리는 사타구니, 삼면이 바다 같은 허벅지의 앞옆 뒤와 종아리, 발뒤꿈치까지 전기뱀장어가 사는 듯했다. 앉든 서든 저린 감은 계속 따라붙었다. 그나마 천장 보고 허리, 다리를 좀 펴야 살 만했다. 신경차단술 받느라 집에서는 드러눕는 게 일이었다. 별명이 닭다리인 만큼 덜렁대는 살로 체표면적 또한 넓었다. 한마디로 하체는 생긴 대로 놀았다.

다리신경으로 정신적 신경까지 예민해져 급성 디스크 질환으로 옴짝달싹 못 한 적도 있었다. 퇴근 후 집에 오면 코끼리 다리가 되어 함요부종(손가락으로 누르면 쑥 들어가는)이 심했다. 조삼모사가 아닌, 아침 신발과 저녁 신발이 확연히 다른 조신모신이었다. 자다가도 벌떡 일어나게 만드는 다리 쥐는 하지정맥류 수술을 두 번 받게 했다. 비가 오면 생각나는 그 통증, 언제나 말이 없던 그 통증이 또 있었으니. 다름 아닌 무릎이었다.

하체근육은 몸의 60퍼센트를 차지하는 만큼 운동하기 싫은 마음 역시 크다. 리드미컬하거나 누군가와 함께 하지 않는 이상 멋모르고 초반에 접근하기란 꽤나 어려운 곳이다(나만 그런가). 코어와 함께 하체근력을 빵빵하게 하면서 하늘을 나는 듯한 필라테스 동작이 있다. 리포머라는 곳에 누워 풋바에 발바닥 대고 하체 힘으로 다채롭게 동작을 펼치는 '풋웍foot work', 두 발에 스트랩 걸고 내 의지로는 죽었다 깨어나도 돌아가지 않는 고관절 운동 '핏인스트랩feet in strap' 시리즈가 한 예다.

리포머 스프링으로 몸이 뜨는 건 헬스장에서 추를 들어올리는 것과는 또 다른 묘미다. 한창 스테로이드주사를 맞을 때도 누워 지냈지만 누워서 운동하는 것과는 달라도 너무 다른 삶이다. 어떤 경로든 근육 맛을 보면 하체운동이 피할 상대만은 아니다. 집에서도 똑같이 연출할 수 있다. 나와 맞는 운동이든, 억지로 한 운동이든 후회할 운동은 단 하나도 없다.

질병과의 동거생활을 청산하게 한 스쿼트. 운동과의 첫 정으로 아직까지 연을 맺는다. PT선생님에게 "스커트랑 이름이 같으냐"고 했던 하체운동의 꽃 스쿼트. 하체운동의 시작은 헬스지만 정교하게 다듬어준 건 필라테스다. 하체근육이 정착하면 마음 가는 대로 운동을 골라잡을 수 있다. 난 허벅지 앞보단 뒤에 중점을 둔다. 힘으로 보나 모양으로 보나 평소의 부족함을 보충수업 하는 격이다. 빨리 가려면 혼자 가고 멀리 가려면 함께 가라는 말처럼 혼자일 땐 내가 잘하고 좋아하는 운동(엉덩이외전)을 한다. 필요하지만 하기 싫은 운동(런지)은 여럿이 함께 하면 좋다. 분위기가 밥 먹여준다. 다함께 느끼는 뿌듯함과 성취감에 싫어한 게 맞나 싶다.

하체운동은 삶의 커다란 기쁨을 가져다주었다. 통증이 사라진

게 가장 크다. 넓대대한 허벅지와 엉덩이를 가녀린 발목이 짊어지느라 삐끗은 다반사고 넘어지기 일쑤였는데 '어떻게 하면 넘어져?'가 되었다. 넘어지지 않고 넘어간 해가 한 번도 없던 엄마조차 헬스장에서 하체운동을 한 이후 넘어지는 일이 뜸해졌다. 굳이 찾자면 난 빙판이 미끄러워서, 엄마는 러닝머신의 조작 부주의로 넘어졌다. 중요한 건 뭔 일 있었느냐는 몸의 반응이라는 점. 80을 바라보는 70대와 50을 바라보는 40대는 넘어져놓고 뛸 듯이 기뻤다. 창피함보다 멀쩡한 몸이란 게 자랑스러워서.

팔자 쌔진다며 등교나 출근 때마다 엄마는 손짓을 했다. 내 팔자 걸음을 두고 나란히 좀 걸으라는 표시였다. 젊어서는 양반처럼 걷다가 이제는 꼿꼿한 11자가 되었다. 발모양과 다리 정렬이 좋아지니 상체 자세까지 좋아졌다. 하체운동을 할 때는 대부분 코어가 쓰이고 복근이 자극된다. 이 말인즉슨 다이어트와 몸통 라인까지 책임진다는 뜻이다. 언젠가는 살이 될지 모르는 불길한 예감인 다리부종도 다 빠졌다(신발 사이즈 235에서 230으로).

엄마 얘기가 나와 하는 말인데 엄마는 중앙집중형 몸이다. 운동하면서 나는 지방분권형 시대를 맞았지만. 남이 먹지 않는 음식만 주워 잡수신 엄마는 심장과 내분비 질환에 복부비만도 심하다. 엄마는 길에서, 버스에서, 돌담 밭에서 숱하게 넘어져 몸이 찢어지고 부러지고 터진 적이 많았다. 살아오면서 넘어진 거에 비하면

이건 아무것도 아니지만. 그런 엄마도 일흔 넘어 헬스장에 입문해 '트레이너 자격 있는 내 딸'이라며 자랑하고 다닌다(명문대 딸이란 말을 못하고 살아 입이 간질간질했던지). 엄마는 청소년수련관에 있는 헬스장을 다니는데 그곳 기구운동을 누군가에게 가르칠 정도가 되었다.

나도 하체가 요 모양 요 꼴이었지만 그동안 멀쩡한 척 살았다. 허벅지에 돌덩이근육을 이식했으니 멀쩡하지 않은 건 예나 지금이나. 내게 아픔을 주었지만 운동의 길로 안내한 하체, 돌아온 탕자처럼 효자가 따로 없다. 무라카미 하루키는 말했다. "바로 그 아픔 때문에, 그리고 그 아픔을 극복하고 싶어 하는 욕구 때문에 우리가 정말로 살아 있다는 느낌을 받을 수 있다"라고. 아픔을 마주해야 '나'를 확인할 수 있다고.

하체근력은 몸에서도, 삶에서도 든든한 버팀목이다. 진정 하체는 몸 전체의 기둥이요, 대식구 먹여 살리는 장손이다.

남은 인생 다리 후들거리며 살지 말지는 자신의 몫이다.

17

'등'살에 못 이기고
통증까지 난리면 등에 투자

아픈 걸로 말할 것 같으면 등도 밀리지 않았다. 하체에 질세라 신경차단주사를 주말마다 맞았다. 균형 맞출 게 없어 이런 것까지. 어깨뼈 주변부터 시작해 뒷목, 뒤통수를 거쳐 눈과 관자놀이까지 쥐어짜듯 저렸다. 위장장애와 예민한 신경으로 등을 펼 수조차 없는 상황까지 보태 등은 더 구부러져만 갔다. 통증이야 내부적인 일이라 죽이 되든 밥이 되든 혼자 구워삶으면 된다. 겉으로 보기에 티는 안 난다. 굽은 등과 속옷 밖으로 삐진 살들은 숨길 수가 없다. 운동을 시작하면서 알게 된 사실이 있다. 학식이 많고 적고 나이가 많고 적고 관계없이 누구나 "예뻐졌다, 젊어 보인다"에 통증이 녹아내린다는 것, 욕구가 불편감보다 우위라는 것이다. 마치 말만 잘 들어줘도 병이 다 나은 것 같은 치료원리, 기승전미美였다.

인간 본질에 입각해 나 역시 아프지만 등선은 변하길 바랐다. 윗옷으로 덮어도 속옷이 어디에 있는지 단번에 찾을 수 있는 물침대 살, 뒤로 봐도 옆으로 봐도 구부정한 언덕배기, 어떻게든 변하고 싶었다. 그때 알았다. 등의 경사도가 나이라는 사실을. 생물학적 나이가 아니라 등의 굽이굽이 고개가 꼬부랑 할머니의 지표였다. 마사지팩으로 얼굴에 포장도로를 깐들 구조부터가 틀려먹었는데.

내 등근육에 일조한 운동은 렛풀다운과 데드리프트다. 등의 큰 근육으로 광배근과 승모근이 있다. 광배근은 이름 그대로 옆구리부터 척추와 어깨뼈까지 광활하게 연결된다. 승모근은 뒷목부터 중앙선 타고 내려와 속옷 라인까지 연결된 마름모꼴이다. 얼마나 크면 근육을 상중하로 나눴을까(상부 승모근은 긴장을 풀고 중하부 승모근은 강화시켜야 한다). 일 좀 하면 통증으로, 덜 움직이면 살로 드러나는 곳이다. 팔을 몸통 쪽으로 당기기만 하면 되는데 잠깐 소홀하면 등에서 바로 티가 나니 참 가깝고도 먼 사이다.

헬스장에서 누구나 만만하게 건드려보는 기구 역시 렛풀다운이다. 위에 매달린 바를 잡아당기기만 하면 되니 남녀노소 번호표 뽑는 곳이다. 풀다운full down은 아래로 당긴다, 렛은 광배근latissimus dorsi, LAT을 뜻해 이름 그대로 아래로 잡아끌어 광배근을 자극시키는 운동이다. 말은 쉽다. "너나 잘 하세요" 하겠지만 난 늘 궁금했다. 다들 어깨뼈 밑부터 갈비뼈 양쪽까지 자극을 제대로 느끼고 있는 건지. 자칫하면 팔운동이 되기 때문이다. 등으로 가는 중부고속도로 놔두고 정체 구간인 샛길로 돌아가는 꼴 된다. 등운동 대부분이 몸통과 가까울수록 광배근이 자극되고, 몸통과 멀어질수록 팔근육이 자극된다. 역시나 가깝고도 먼 사이다.

세계 3대 산맥이 안데스, 히말라야, 로키 산맥이라면 3대 근력운동으로는 스쿼트, 데드리프트, 벤치프레스가 있다. 몸에 하체(대퇴-둔근), 등(광배근-기립근), 가슴(대흉근-전거근)이 넓게 점령하고 있기 때문이다. 박쥐처럼 여기저기 걸친 운동이 바로 데드리프트다. 등운동을 표방했지만 상하체를 넘나든다. 엉덩이와 허벅지를 비롯해 코어와 팔, 악력까지 골고루 써먹는다. 이런 알짜배기가 없다. 바벨을 들려면 하반신의 접고 펴는 힘이 필요하고 바벨을 붙들려면 상반신의 꼿꼿한 힘이 필요하다. 들인 시간 대비 근육 뽕 뽑는 데 제격이다. 고관절과 발 보폭에 따라 변타도 가능하다.

이렇게 효과 좋은 데드리프트를 꼭 눈앞에 바벨이 있어야만, 헬스장을 가야만 할 수 있는 건 아니다. 목마른 자가 우물을 파면 된다. 틈만 나면 배꼽인사를 했다. 버튼 누르면 상체가 일자로 내려갔다 올라가는 몸이 되었다. 생수통이든 세제통이든 손에 잡히는 건 닥치는 대로 고관절을 접어 등의 힘으로 올라서기를 반복했다. 무릎이 펴진 상태를 '스티프 레그 데드리프트'라 하는데 등과 햄스트링을 모두 잡겠다고 평소 가장 열심히 했다. 복 받은 걸까. 스포츠지도사 실기시험에도 등장했다(80동작 중). 어깨에 한창 스테로이드주사 맞으며 운동을 모르던 시절에는 빈손으로도 숙인 상체를 일으키지 못했다. 등이 동그랗게 말렸는데도 힘이 없었다. 그러다 대용량 빨래세제를 정자세로 들어올렸을 땐 집안 빨래를 다 한 것 같은 쾌감에 젖었다.

등근육이 제구실 할 때와 아닐 때 몸의 반응은 현저히 달랐다. 등이 버티는 정도에 따라 자세도, 근육 붙는 속도도 달랐다. 흉곽호흡을 하는 필라테스에서도 등근육은 호흡과 모든 동작을 좌우한다. 등은 가슴, 배와 쌍벽 이루며 지지력을 발휘하는 몸통 책임자다. 하다못해 다리 뻗는 동작에서도 등이 받쳐주는 정도에 따라 관절의 각도가 다르다. 무작정 늘리고 찢을 일만은 아니었다.

명치가 아파 전달된 등근육 vs 등운동으로 자극된 등근육, 같은 곳 다른 느낌, 서로 다른 길을 걷게 되었다. 아이나 어르신이 땅에 뭘 질질 흘려도 이젠 잔소리는 생전 안 할 것 같다. 척추기립근으로 주을 때의 그 스릴이란. 광배근으로 세면대와 개수대에서 얼굴

씻고 그릇 닦을 때 그 짜릿함이란. 당해본 자만이 누릴 수 있는 특권이다. 나를 세워준 기립근, 삶을 넓혀준 광배근. 이뻐 죽겠다. 삐져나온 등살은 도로 기어들어가다 못해 여백의 미도 생겼다. 이런 권리 오래 간직하도록 양팔 차렷이 아닌 이상 광배근으로 팔을 휘두르리라.

등이 내 가시권에 없다고 등한시한다. 나무의 나이테와도 같은 게 사람의 뒤태다. 등근육 보존 법칙을 위해 앞으로뒤태(아프로디테)! 꺼진 등도 다시 보자! 공부의 신은 못 되어도 '등신'은 노려본다. 위기도 기회가 되려면 뒷심부터 쌓고 볼 일이다. 내 등살에, 세상 등쌀에 못 이길 땐 불만 끌어당길 생각 말고 뒷심 자극할 뭐라도 당겨보자. 하다못해 투도어 냉장고 문이라도.

데드리프트. 죽을 힘 다해 들어올리는, 그 이름값 하자.

랫풀다운과 데드리프트.

부끄러워서 귀찮아서 여유가 없어서 헬스장 가기 싫다면 걱정 마시라. 집에서도 충분하다.

18

정면승부 기세등등하려면
가슴에 투자

뒷다리가 저려 하체운동을 했고 등판이 아파 등운동을 했다. 가슴은 또 어디가 불편해 운동했느냐 할 텐데 가슴운동만큼은 소극적 동기에 의하지 않았다. 여성으로 태어나 이미 발달했는데 뭐가 아쉬워서 생각했지만 적극성을 발휘한 결과 여성이라서 해야 하는 운동이었다. 오히려 가슴운동을 하지 않아도 될 이유라고는 단하나도 찾아볼 수가 없다. 헬스 하면 너도나도 하체-등-가슴이니 그 장단에 맞춰 운동하는 개념을 뛰어넘는다.

상체가 바로 서는 걸 '등'에만 전가시킬 일은 아니었다. 문에는

'미시오'와 '당기시오'가 있다. 문은 어깨와도 같은데 미는 건 가슴이고 당기는 건 등이다. 통상 미는 게 당기는 것보다 덜 힘들다. 인간이 걸을 때 앞으로 기울어지듯 후퇴보다는 전진할 때 스릴을 느낀다. 이 말인즉 가슴운동이 의무감으로만 존재하지 않는 희망찬 예고편이라는 사실. 알수록 여기저기 다 운동해야 한다는 통에 일거리가 늘은 것 같지만 새로운 자극이 주는 묘미라 생각하면 된다.

밀고 당기듯이 우리 몸은 균형을 먹고사는 유기체다. 등이 발달하려면 가슴이 탄탄하게 받쳐줘야 하고 허리가 좋아지려면 코어가 강해야 한다. 어느 한곳이 너무 세도, 상대적으로 너무 약해도 밸런스가 깨지는 게 우리 몸이다. 가슴운동을 하면 가슴근육만 발달하는 게 아니다. 어깨와 팔 라인까지 잡힌다. 가뜩이나 없이 살았는데 가슴살만 빠지는 거 아닌가 하는 두려움에 사로잡힐 필요도 없다. 근육 크기가 큰 만큼 전체적인 칼로리 소모도 크다.

'삶의 질=근육 질' 공식이 성립한다.

미는 힘이 좋아져 엉뚱한 데 시간을 허비하지 않는다. 무거운 물건을 옮기거나 마트에서 잔뜩 실은 카트를 밀어줄 누군가를 기다릴 필요가 없다. 이삿날은 그 진가를 선보이는 (미는) 손 있는 날.

이렇듯 가슴은 묵묵히 조연 역할을 한다. 가슴근육이 부실하면 바로 어깨에서 티가 나는 것도 그런 이유다. 묵묵한 조연으로 말할 것 같으면 가족부터 챙기는 어머니 세대가 그랬고 음지에서 일하는 근로자들이 그랬다. 그들 어깨에 암반 하나씩은 다 있다. 아프니까 더 올라가고 아프니까 더 말린다. 위로 앞으로 향한 상체. 움츠러든 가슴으로 고개는 더 떨궈진다. 팔조차 올리기 힘든 삶. 말린 어깨와 높이는 부익부빈익빈 지표 같다. 자세가 사람을 더 위축시킨다. 통상 가슴운동이 하체와 등에 밀리곤 하지만 내겐 특별한 존재다.

아이 낳은 후 가슴은 밥통으로 개념이 바뀌었다. 직장 모유수유를 2년 했다. 가슴은 밥을 저장하는 곳, 다 먹고 난 그릇은 장난감이었다. 안 나오는 젖을 틈만 나면 유축기로 화장실이며 건강관리실이며 쥐어짰다. 퇴근 후에는 아이의 야식이자 놀잇감이었다. 기계와 이빨로 물어뜯긴 상처투성이 가슴, 건강검진에서 유방촬영 때 짓눌린 모습과 꼭 닮아서 엄마는 목욕탕 갈 적마다 말했다. 몸통만 보면 다들 80대인 줄 알 거라고. 그렇게 있으나 마나 한 존재, 아니 내 몸의 일부라고 생각조차 하지 않던 곳이었다.

13년이 흘러 가슴운동이라는 걸 하고는 모유가 빠져나간 납작한 공간을 근육이 메웠다. 총알도 튕겨나갈 정도가 되었다. 겨드랑이 옆으로, 속옷끈 밖으로 빠끔히 내밀던 살도 정리됐다. 아이에게 겨드랑이 옆 대각선 아래를 가리키며 못 먹는 감 찔러보라는 손짓을 간혹 한다. 돌덩이를 만져보라는 뜻이다. 아무 멘트도 없다.

동공이 남모르게 커진 걸 나의 예민함으로 감지했을 뿐. 그러더니 내가 원주 사택에 들어가 근무할 때 아이는 집에서 남모르게 매일 푸시업을 하고 있었던 것이다. 그것도 푸시업바까지 써가면서 (나도 질 수 없지). 역시 가슴운동은 말이 필요 없다. 땀이 송글송글 맺혀 푸시업 하는 아이 등을 보니 이런 생각이 들었다. '부모도 아이 등을 보며 성숙한다.'

아이가 갖고 놀던 그곳에는 돌덩이근육만 들이겠노라고. 암 덩어리는 키우지 않겠노라고. 아이 가슴까지 헤아릴 수 있는 속근육도 단단히 채우겠노라고.

유방을 잘라낸 게 아닌데 앞뒤가 똑같아지니 상실감이라는 거 조금은 알 것 같았다. 건강보험심사평가원 자료에 따르면 유방절제술을 받은 환자가 5년 전 3만 2,000명대에서 21년 말 약 5만 명까지 증가했다. 가슴근육 하나만 내밀어도 어깨는 내려가고 허리는 세워지며 배는 들어간 중립자세가 될 수 있다. 화장실에서도 가슴 펴는 나 자신에 깜짝 놀랐다. 머문 자리도 아름답게시리. 진정 여성으로서의 권리는 근육으로 채워진 공간, 그 안에 담긴 당당함이다. 여성형 유방도, 남성형 유방도 아닌 근육으로서 기능을 다하는 자신감. 힘든 수술을 견뎌낸 그들이 보다 더 단단해진 근력으로 우뚝 서길 바란다.

가슴운동의 대표격으로 벤치프레스가 있다. 헬스장에서 긴 의자에 누워(또는 경사) 바벨 잡고 위로 밀어 올리는 동작이다. 남성 전용이 아닌데 희한하게 내 앞뒤 순번은 남성이었다. 가슴뿐 아니라 팔과 어깨, 상체 대부분을 건드리니 가슴운동의 국보급이라 하겠다. 운동 초보자라면 누군가에게 도움 받고 시작하는 게 좋다. 어설프면서 벤치에 벌러덩 눕는 것도 민망하지만 어깨를 눌러놓고 손목을 꺾지 않은 상태에서 바닥과 수평하게 가슴 위에서 그대로 민다는 게 어느 정도의 근력이 있지 않고서는 위험하기 때문이다. 가벼운 덤벨로 바닥에서 밀거나 헬스장이나 동네에 설치된 체스트 프레스 머신으로 실력 좀 갖춘 뒤 해도 좋다.

우리집은 폼롤러가 벤치다. 폼롤러에서 하면 굴러 떨어지지 않으려고 등과 엉덩이에도 힘이 들어간다. 기댄 등은 안마 받는 시간이기도 하다. 복근까지 자극된다. 양팔 90도인 덤벨프레스도 좋고 양팔을 포물선 그리며 가슴 위로 모으는 덤벨플라이도 좋다.

정신과 의사인 문요한은 어깨가 구부정한 자세보다 어깨 펴고 바른 자세를 취한 사람이 두 배나 더 오래 문제를 붙들고 있었고 낙관적인 생각과 사고의 확장까지 나타났다고 했다. 플라톤의 원래 이름은 아리스토클레스였다. '넓다'는 뜻으로 프로레슬러였던 플라톤인지라 '어깨가 넓다'는 데서 유래했다고 본다. 철학도 가슴으로 하니 참 가지가지다.

가슴이 열리니 바람을 정면으로 맞는다. 어깨가 오그라들었을 땐 등이 바람을 한껏 맞았다. 자세처럼 그동안 난 등 떠밀려 행동하는 사람이었다. 가슴과 어깨가 열리면 고개까지 들린다(조류가 아닌 이상 불편해서라도 고개는 쳐들게 되어 있다). 이제 어떠한 바람이 내 가슴을 후려치더라도 근육으로 정면승부할 것이다. 가슴 아픈 세상이 되지 않길 희망하면서.

이젠 젖가슴도 밥통도 아닌 대흉근으로 당당히 맞선다.

나와라 오바! 나왔다 갑바!

19

한 방의 해결사 밀당의 고수,
푸시업-풀업

　누구나 와 닿는 문구가 있고 꽂힌 가사가 있다. 음악, 책, 그림, 사진, 말 한마디까지…… 내 인생을 변화시킨 가슴속의 뭔가 하나씩은 있다. 내 삶을 바꾼 운동 하나를 꼽으라면 단연 푸시업(팔굽혀펴기)이다. 푸시업 한 개를 성공했을 때 헬스장에는 기적이 울려 퍼졌다. 좋아서 팔짝팔짝 뛰는 내 목소리가 하도 커서. 푸시업을 20개까지 하는 모습에 바디 프로필 제안을 받았다. 폴댄스, 플라잉 요가, 클라이밍 첫 체험수업 때도 "팔 힘이 끝내준다"는 멘트에 홀랑 넘어가 등록하게 되었다(알고 보니 등힘으로 하는 거였다).

몇 개를 하겠노라 굳게 다짐한 건 아니었다. 집에서 TV 보면서 심심하면 무릎 꿇고 탁자를 밀어내거나 부엌에서 벽 밀면서 아이와 대화 좀 했을 뿐인데. 가슴운동 하는 그날을 충실히 임했을 뿐인데. 어느 순간 두 손 두 발만 바닥에 존재하고 몸이 떴다. 한 개 성공! 한 개를 이루는 순간 그다음부터는 목표고 자시고 그 느낌을 간직하고 싶어 절로 굴러갔다. 지금 와서 이렇게 말하니 푸시업이 하루아침에 된 것 같은데 역사가 깊다. 체육에 특출 난 유전자가 아니라서.

때는 바야흐로 2017년으로 거스른다. 그해에 푸시업 한 개를 맛보고 2018년 1월부터 '매일 한 개'가 시스템화되었다. 마약을 복용하면 이런 느낌인 걸까. 그래서 '중독'에 '의지'를 갈아 넣는 건가. 붕 뜬 기분 유지하다 보니 어느새 다섯 개. 그럼 열 개도? 어라. 1세트에 20개가 기본인데 이것도? 설마가 사람 잡고. 이러다 25개? 10단위로 끝내지 거추장스럽게 5는 뭔가? 30개 무난하게 통과. 숨도 덜 찬데 계속 가볼까? 50개. 이러다 100개 하면 어쩌지? 70개로 협상하고 남은 30개는 매일아침 기지개가 되었다.

손발만 땅에 디뎠을 뿐인데 몸이 들어올려질 때의 기분은 바이킹으로도 느껴보지 못한 유체이탈이었다. 어느 누가 나란 존재를 이렇게 들어올려준단 말인가. 숫자보다는 느낌, 계산적이기보다는 감각적인 게 나의 운동 모토인지라 한 놈 두식이 석 삼 너구리를 읊지 않아도 몸이 몇 개 했는지 알려준다. 몸 신호만큼 하든, 몇 개 더 인심 쓰든지 간에 그 신비한 모험에 한참 빠졌을 땐 퇴근 후 집에 돌아와 가방을 벗지 않은 채로도 했다. 그야말로 가방을 둘러맨 그 어깨가 아름다운 순간. 어떤 날은 중력에 대항한답시고 발을 탁자에 올려두고도 했다. 사장님이 탁자에 발 올리는 거만함 과는 달리 엎드린 낮은 자세로서의 발이다. 팔짱도 아닌 팔꿈치로 굽실대는 몸짓.

푸시업이 손과 발의 협응으로만 이루어지는 줄 알았다. 머리부터 발끝까지 일자를 유지하는 Dart Position, 그 자체만으로도 가슴은 물론 어깨, 등, 팔, 코어, 엉덩이, 하체, 전신이 다 쓰인다. 근육 종합선물세트다. 특히나 어깨뼈를 제자리에 있도록 꽉 잡아주는 앞톱니근(전거근)까지 발달시켜 일상이 편리하다. 중요한 근육까지 덤으로 얻는 이런 성과급은 받아 챙겨야 한다. 목욕탕에서 전신을 밀고 나온 느낌, 설사 저녁 일정에 돌발이 생겨도 운동 못 한 억울함을 달래준다. 수많은 책에서 아침 이불 개기의 효능을 언급한 것처럼 아침 푸시업도 헛된 하루라는 생각을 떨쳐준다. 1분의 행복, 이렇게 굵고 짧은 강력제가 또 있을까.

삼대가 사는 집이라 아이와 방을 같이 쓴다. 바닥이 비좁다. 그럼에도 책상과 침대, 화장대 사이에 내 몸 길이만 한 공간은 있다. 이 말은 매일 아침 5시 50분에 푸시업 하는 데 하등의 문제가 없다는 말씀. 푸시업은 비가 오나 눈이 오나 바람이 부나, 천둥번개와 태풍이 몰아쳐도 발 뻗을 공간만 있으면 가능한 운동이다. 준비물이 필요 없다. 맨몸으로 갔다가 오히려 팔다리가 있다는 '감사 사은품'을 들고 나온다. 체중계에 올라갈 필요도 없다. 푸시업이 체중계다. 몇 그램만 늘어도 양팔이 대번 안다. 굽혔다 펼 때 작작 좀 먹으라며 바들바들 떨기 때문. 화장실을 못 간 상태인지까지 점검하는 근육센서기다. 양팔 간격이나 손바닥 방향으로 자극을 변화시킬 수도 있다.

나의 푸시업 역사보다도 훨씬 오래전인 지하철 역사도 있었으니. 바로 푸시맨과 커트맨 시절 이야기다. 지하철 문밖에서 한 명이라도 더 태우려고 밀어붙이던 푸시맨. 지하철 안에서 그만 좀 타라고 매몰차게 자르던 커트맨. 푸시업이 되니 1인 2역도 됐다. 여덟 시 출근 무렵 신분당선 강남행. 코로나19 이전이라 만원 지하철의 끝판왕이던 때였다. 난 푸시걸과 커트걸이었다. 지하철에 올라탈 땐 나의 푸시로 나와 뒷줄에 선 두 명을 더 태웠다. 전철 안으로 진입했을 땐 문 옆 벽면을 푸시해 공간을 확보한 뒤 두 명을 더 태웠다. 인접한 사람들은 불편했겠지만 한 배를 탄 입장에서 '정의'라 생각한다(탈까 말까 눈치 보는 그들 눈빛을 보라). 전철에 올라탄 이는 시간 줄여 좋고 난 근육 성취감에 취해 좋고. 시공간을 넘나드는 이 순간, 출근길인데도 기쁘도다.

오스트레일리아의 철학자이자 다양한 운동을 시도한 데이먼 영은 이렇게 말했다. "컬바를 들어올리거나 엎드려 팔굽혀펴기를 하는 사람들은 고대 그리스의 원형을 보여주는 것이다. 단순히 자만심이나 허영 때문이 아니다. 갈수록 눈에 띄게 발달한 근육은 육체를 뛰어넘어 더 높은 차원의 법칙을 이해했다." 그러면서 엎드려 팔굽혀펴기는 몸으로 하는 예술에 속한다고 표현했다.

『내 영혼의 푸시업』에서 이승헌도 푸시업이 체력, 다이어트, 지구력, 인내력, 집중력을 기르는데 효과적이라 했다. 그래서일까. 해야 할 일과 하지 말아야 할 일을 대하는 자세가 달라졌다. 삶도 지하철이다. 아직 많은 노선과 구간이 남았지만 매순간 삶의 정류장마다 푸시걸과 커트걸이 되고 있다.

　뭔가에 얹어 걸릴 때 사람들은 스릴을 느낀다. 추가 서비스에 속물인 나만 그런가. 풀업(턱걸이)이 그랬다. 폴댄스와 클라이밍, 플라잉 요가에서 봉을, 돌을, 천을 잡아당겼을 뿐인데 턱걸이 한 개가 우연히 되었다. 호기심에 또 해보니 네 개까지 했다. 푸시업이 미는 힘, 가슴에 집중하는 거라면 턱걸이는 당기는 힘, 등에 집중한다. 온 몸을 좌지우지하며 체중계가 되는 이치는 둘이 똑같다. 이런 겹경사가 있나. 전신운동 풍년을 맞았다. 푸시업을 성공한 용기로 폴댄스, 플라잉 요가, 클라이밍에 도전하게 되었고 즐기다 보니 턱걸이까지 걸려든 잔치. 근육세계에도 서로서로 연결된 우주의 섭리가 있나보다. 난 그 진리를 굳게 믿게 되었다.

아이가 내게 붙여준 별명이 있다. '팔위의 여인'이다. 팔로 하는 건 다 잘 한다며 파리는 근처도 못 가봤지만 한 수 위인 팔위에 있단다. 약 올리는 건지 칭찬인지 모르겠지만 이 팔 힘으로 등을 스매싱하기보다 쓰다듬는 일이 많았으니 고마울 뿐이다.

푸시업-풀업 하면 남성 이미지를 먼저 떠올린다. 내가 연출하고 싶은 운동이면 되지 굳이 남녀칠세부동석일 필요 있나. 푸시업과 풀업 하는 여성, 폴댄스와 플라잉 요가 하는 남성, 그 콜라보도 멋질 듯하다. 전신근육으로서나, 남녀칠세동석으로나 푸시업과 풀업은 한 방의 해결사임에 틀림없다. 밀리기만 했던 나조차도 밀당의 고수 되는 한 방이다.

20

뱃심 두둑 배짱으로 살려면
배에 저축

배! 하면 살!이 바로 튀어나온다. 어떻게 하면 늘어진 뱃살을 구겨 넣을지, 어떻게 하면 일자에 라인 만들지만 떠올렸다. 배가 심하게 트고 늘어져 드러내놓고 다닐 일은 평생 없을 테니 복근은 몸에서 논외였다. 게다가 하체, 등처럼 근육이 크지도 않아 억척스럽게 운동해 근육을 키울 것도 아니고 근육통으로 고생할 일도 아니니 안 먹으면 될 뿐이라 여겼다. 먹지 않는 게 더 힘들지만. 어찌됐건 배는 시간을 내어주기엔 손해 보는 장사 같았다.

식스팩이란 단어도 스쿼트처럼 헬스 하면서 처음 들었다. 마흔 넘어 귀가 튼 게 한두 개가 아니다. '식스팩'이란 말을 들었어도 그림이 안 그려져 바람 따라 스쳐 지났을 수도. 늘상 다루던 팩은 기껏해야 찜질팩이나 우유팩이었으니. 팔다리를 과격하게 움직이는 것만 운동으로 취급했기에 배밀이라도 하면 다행, 식스팩을 염두에 둘 리는 만무했다. 헌데 복근운동을 하고 안 하고의 차이는 역력히 드러났다. 허리 이하 통증이 있고 없고를 떠나 상체 세우는 자세며 서서히 그어지는 무늬며 기분까지 좌우했다. 한 배 탄 등과도 백짓장 맞드니 역시 나았다.

할수록 쉬워지고 들인 만큼 나오는 게 복근이다. 처음에는 나 역시 뒷목 잡을 일이었다. 배에 힘이 없어 목이 앞섰다. 목운동 하지 말라는데 누군 그러고 싶어 그러나. 배에도 뇌가 달린 것처럼 자극이 반복될수록 느낌을 생생히 기억해 다음번에는 자극을 즐기게 되었다. 맞아봐야 정신 차리지. 위드 코로나 시대를 복근과 함께하니 위드 코어가 되었다.

근육에는 근력운동 할 때 쓰는 속근과 걷거나 달릴 때 쓰는 지근이 있다. 강한 순발력에 쓰는 속근과 달리 지구력에 쓰이는 지근은 쉽게 지치지 않고 회복력도 빠르다. 이름 그대로 지근지근 건드리면 된다. 복근은 지근이라 운동과 운동 사이를 짧게 쉴수록 효과가 좋다. 성질 급한 나를 위한 운동이다. 복근운동 1종류 간신히 1세트(20회) 하고 퍼질러 쉬고 싶었는데 배를 쥐어짜는 고통을 넘어서니 10초 휴식을 누릴 수 있었다. 이제는 5종류도 붙여 시리즈를 펼친다.

복근운동 후 가장 강렬한 메시지는 운전할 때였다. 홍보부 근무 때 기자들을 태우고 회사차로 이동하는 일이 종종 있었다. 집에서는 아이 학원 픽업 말고는 숫제 운전을 하지 않는다. 엄마에게 물려받은 중고차는 시골도로를 달리듯 흔들림이 심하다. 그에 반해 회사차는 전기차, 그것도 이제 막 뽑은 갓생. 발만 살짝 닿아도 앞으로 찍찍 나가는 통에 심장이 뛰었다. 복근이 무르익듯 시간은 흐르고 어느 날 기자들이 차에서 내릴 때 부장님이 한마디했다. "이 팀장, 이제 택시를 몰아도 되겠어." 난 팔로 운전하지 않았다. 운전대 앞에서 곧추 세운 상체, 복근으로부터 전달받은 다리근력, 그 흐름에 놀아나는 엑셀과 브레이크. 팔을 조금만 움직여도 복근은 존재감을 확실히 드러낸다. 노트북으로 글 쓰는 지금 이 순간, 복근 자극은 리얼타임real-time.

복근은 네 개의 근육으로 이루어져 있다. 복근이라 하면 배꼽 주변 반경만 신경 썼다. 음부뼈부터 갈비뼈까지 쭉 뻗은 배곧은근(복직근), 옆구리 사선 모양으로 덮은 두 겹의 배빗근(복사근), 복대처럼 깊은 곳에 드리워진 배가로근(복횡근)까지 얼기설기하다. 그동안 복근에서 쓴맛 하나 느꼈다면 켜켜이 쌓인 근육을 알고 난 후 달콤쌉싸름 맛까지 느끼게 된 것이다. 쫄티를 입은 것 같다. 힘의 원천지다. 배가 단단하니 허리가 세워지고 키가 커진다. 몸 중심이 서면 몸 아래위로 도미노 퍼레이드가 펼쳐진다. 복근>허리>등>목>머리, 위로 정렬. 복근>허리>골반>다리>발, 아래로 정렬. 모두 헤쳐모여! 배짱도 생긴다. 진정 뱃심은 식스팩이 아니라 어떠한 움직임 속에서도 흔들림 없는 뱃속 깊은 곳, 코어였다. 뱃살이 나와도 코어 힘이 좋으면 그렇게 멋질 수가 없다.

헬스장에서 처음 만나 지금까지 하는 복근운동이 있다. 크런치crunch다. 싯업sit-up이라고도 하니 반값세일 한 윗몸일으키기라고 보면 된다. 마치 체력장에서 깔짝대며 윗몸일으키기 하는 것 같다. 등을 톡 건드리면 동그래지는 공벌레처럼 복부가 쥐어짜듯이 타들어간다(디스크질환자는 둥글게 말기 전에 진료부터 받자). 필라테스에서는 척추 골반을 중립시킨 상태에서 등을 구부리는 컬업curl up이 있다.

회사일로 마음이 쪼그라들었거나 회식으로 위장이 늘어졌을 때 내게 힘이 되어준 동작이다. 인상 구길 찰나에 배부터 구기면 어느새 마음도 스르르 펴졌다. 머리 뒤 깍지 낀 손을 검지총 만들어 삿대질하듯이 상체를 들어올리면 더 탄력받는다. 속도 후련하다. 배에 힘이 좀 붙은 뒤로는 굵고 짧은 한 방을 좋아해 옆구리도 자극한다. 상체를 들어올린 상태에서 좌우로 옆구리를 비트는데 팔꿈치와 무릎이 닿느냐, 척추골반 중립에서 비트느냐에 따라 헬스와 필라테스가 갈린다. 뭐가 됐든 상체를 들어올린(복직근) 것도 힘든데, 옆구리(복사근)까지 쥐어짜려니 복부지방을 두 번 죽이는 꼴이다.

20대 이후 20년 만에 배를 드러냈다. 뱃속 깊이 구석구석 느끼느라 가끔은 옷이 배를 덮었는지 드러냈는지를 잊어버릴 때가 있다. 목선 아래 능선에서 어디가 배의 시작인지 모를, 똥배만큼은 분명했던 나의 토르소. 이제는 곤충처럼 머리, 가슴, 배의 경계가 명확해졌다. 서든 앉든 어느 자세든 복근이 두둑이 느껴질 때면 '살' 집착도 놓게 된다. 식스팩이 붙으니 보는 눈도 생겼다. 배가 논밭처럼 갈라진 건 싹 다 근육인 줄 알았는데 깡말라서 생긴 구역과는 엄연히 달랐다. 딱딱하면 모두 근육인 줄 알았는데 지방이 잔뜩 껴서 단단해진 뱃살과는 달랐다(내장지방이 복근을 지지하고 있어 지방이 크는 대로 같이 단단해진다).

엄마는 복부비만이 심하다. 심장병, 관절염, 골다공증, 갑상선, 당뇨, 고혈압 등에서도 자유롭지 못하다. 복부에 쌓이는 내장지방, 내장지방은 모든 질병의 분란자로 꼽힌다. 뱃속에 내장지방이 많을수록 장도 아래로 아래로 밀려 내려간다고 한다. 그래서일까. 엄마는 장 유착(U자로 떨어져 있어야 할 것이 서로 들러붙은 현상)으로 작년에 응급수술도 받았다. 장이 차츰차츰 내려앉다 못해 꼬이고 밀착했다. 혼자 손톱을 깎지 못할 정도로 배가 나와 누워서 상체를 구부리는 건 상상조차 힘들다. 딸에게 미안해 엄마만의 크런치가 있다. 힙합댄스로 배를 쥐어짠다. 지근을 건드리는 건 이거나 저거나 하면서 열심히 배를 출렁인다. 이런 움직임이 엄마에게는 크런치 100개만큼의 노력일 테니.

운동할 시간도 없는데 무슨 복근운동까지, 생각은 어리석었다. 시간이 널널했다면 다른 운동에 쳐지거나 딴생각에 떠밀렸거나 입이 심심해 뱃속에 넣을 꿍꿍이에 사로잡혔을 것이다. 나이는 먹을지언정 복부 내장지방만큼은 청춘이고 싶다. 이시이 나오카타는 『평생 살찌지 않는 몸으로 건강하게 사는 근육 만들기』에서 운동을 5분만 했거나 8분만 했다고 효과가 없는 것은 아니라며 바깥활동을 하거나 집안일을 해도 된다고 했다. 직접 체지방이 연소되지 않더라도 신체 어느 부위의 지방이 연소되면 그것을 보충하기위해 결과적으로 체지방이 줄어들기 때문이란다.

원기둥 중년 몸이 모래시계가 되었다. 문화재 보존 차원에서 오늘도 구긴다. 근육 보는 눈이 생겼으니 이젠 사람 보는 눈도, 상황 보는 눈도 밝아졌으면 한다.

배보다 배꼽이 더 클지라도.

21

안전하게 멀리 내다보는 오십견,
어깨에 저축

　어깨는 등과 가슴 사이, 낀 세대지만 팔과 척추를 좌지우지하는 입지에 있다. 어깨를 등 범주에 넣기도, 어깨 범주에 등을 넣기도 한다. 오죽 중요하면 양다리를 걸쳤을까. 어깨보다도 어깨뼈 역할이 막중하다. 어깨뼈는 손바닥만 한데 등에 있다고 3분의 1이나 차지하는 뼈를 등한시한다. 어깨뼈는 쇄골 끝과도 천지창조처럼 손가락 마디 하나 정도로 만나고 있다. 얼마나 위태위태하겠는가. 그래서 어깨뼈 안정화가 중요하다. 안정화란 어떤 상황에서도 어깨뼈가 제자리를 잘 지켜내는 힘이다. 안정화 힘이 약하면 가만히 있거나 팔을 움직일 때 이리저리 휘둘러 목덜미까지 긴장한다. 즉 승모근 윗부분이 먼저 쓰여 어깨가 들린다.

　일은 물론 기구로 하는 등운동이나 매트에서 하는 엉덩이운동, 어지간한 스포츠까지 모두 어깨가 받쳐주지 않으면 즐기는 건 고사하고 삶의 질마저 떨어진다. 어깨뼈가 얼마나 붙잡아주느냐, 어깨근육을 얼마나 쓸 수 있느냐에 따라 운동 효과는 판이하게 다르다. 팔따라 척추따라 가는 게 어깨뼈 인생이나니. 나이 들어 어깨 아픈 것도 서러운데 앞으로 말리기까지 하면 외모에 나이를 더 얹어 또 서글퍼진다. 어깨는 무관심의 대가를 반드시 치르는 뒤끝 작렬 기관이다.

　살면서 쇄골에 눈길 한번 줘본 적이 있었던가. 나에게 묻는다. 살면서 한 번이라도 일자형 쇄골이었느냐. 쇄골이 파묻히지 않은 게 다행인지는 몰라도 어깨가 라운드 숄더일 때 쇄골은 메칸더 V였다. 근력운동을 하면서 각도가 서서히 완만해졌다. 헬스 어깨운동으로 원통형 어깨근육에 힘이 들어갔다. 필라테스 어깨뼈 운동으로 살짝 들린 쇄골도 가로본능이 되었다. 쇄골을 볼 때마다 내 인생에 한 획을 그은 것처럼 입도 일자로 째진다. 내가 왜 그토록 어깨운동을 열심히 했을까. 기억을 더듬어보니 앞으로 보나 뒤로 보나 뭐로 봐도 어깨세모근(삼각근)과 쇄골에 대한 애정이었다. 운동하기 전에는 어깨에 스테로이드주사도 맞았지만 역시 동기

유발은 통증보다는 미용이다.

어깨라인에 그은 선이 지워질까봐, 탄력 받은 힘이 쪼그라들까봐, 한 줄 더 긋고 싶은 욕망에 부익부빈익빈 길로 들어서게 된다. 복근도 욕망에 걸려든 미끼였듯이. 플라잉 요가와 폴댄스, 클라이밍에서의 성공률도 덩달아 상승했다. 이제 나도 인생을 즐기는 건가. 어깨에 짊어진 의무감은 이제 내게서 떠나는 건가. 운동할 때 반팔 티셔츠를 주로 입었는데 일자로 뻗은 쇄골과 삼각근이 가려지는 옷은 빨래가 밀리지 않는 이상 입질 않는다. 뼈와 근육 보는 맛에 일부러 시간 냈는데 덮으면 무슨 재미.

뭐든지 한 번 성공한 건 진정한 실력이 아닌 것. 운이 작용한 것도 있거니와 영원한 건 없다. 라운드 숄더가 고쳐지고 일자쇄골이 되었어도 퇴근하고 나면 어깨는 어김없이 또 올라가 있고 앞으로 말려 있다. 팔을 휘두르는 직업이 아닌 이상 어깨는 하루살이 인생이자 운동은 평생 숙명이다. 뭔가를 빨리, 잘 하려는 성질머리를 버리지 않는 이상 어깨운동은 만년 현역이다.

새벽부터 종일 키보드를 피아노 건반처럼 두드리니 어깨는 앞으로 쏠리고 손등은 하늘을 향한다. 하여 하루도 빠짐없이 하는 어깨운동이 있다. 전략은 반대급부다. 어깨는 뒤로 향할 것, 손바닥은 하늘을 향할 것. 앉든 서든 눕든 모두 가능한 어깨 외회전운동 당첨. 관절 가동범위 늘리는 건 주로 자기 전에 한다. 근력을 위한 덤벨 어깨운동은 거실 오가며 창밖 바라볼 때 한다.

운동역학에서는 관절에서 일어날 수 있는 움직임 방향수를 가리켜 '자유도'라 한다. 무릎처럼 하나의 관절에서 굽히고 펴지는 건 자유도가 1이다(경첩관절). 손목처럼 위아래와 좌우, 두 관절이 움직이면 자유도는 2다(타원관절). 대망의 주인공 어깨관절은 공 모양의 뼈가 절구처럼 오목한 곳에 끼워져 회전까지 가능해 자유도는 3이다(절구관절). 인간이 뇌를 3퍼센트도 쓰지 못하고 죽는다는데 360도 관절을 받았으니 충분히 써먹고 저 세상을 가야 하지 않을까. 백 퍼센트는 아니더라도 내가 할 수 있는 한 최대로 굴려보고 싶다. 팔을 돌릴 때마다 공이 굴러가는 게 생각나 신비 병이 또 도진다. 나라는 인간은 신비롭지 못해도 인체는 알수록 신비하고 감사하다.

신에게 선물 받은 어깨관절도 뽕 뽑듯이 운동하니 어느새 뽕 들어간 어깨 각이 잡혔다. 난 뽕 들어간 옷을 무척 싫어했다. 누가 사준 옷이라면 가위로 뽕 떼고 입을 정도로. 뒷골목 형님처럼 어깨가 더 넓어 보이고 위로 들려 보이는 게 신경 쓰였다. 목덜미도 내려놓은 일자 어깨근육으로 뽕이 있든 없든 이상무(몸이 되니 이젠 옷 사주는 이가 없다)! 운동마다 죄다 "어깨 내리세요." 구령이 따라붙는다. 그렇다고 시옷자처럼 어깨가 쭉 처지지도 않았으니 어깨가 든든~하다. 통증과 맵시가 어깨동무하는 어깨운동은 남녀노소 모두에게 이롭다. 팔에게 풍차돌리기의 자유를 부여할 것인가. 아니면 얼음처럼 단단히 구속할 것인가. 어깨가 무겁다. 어깨를 들썩이게는 못할망정 속 썩히지는 말아야 한다.

"아프냐? 나도 아프다." 한때 붐이었던 드라마 명대사다. 드라마를 볼 땐 감흥도 없던 게 어깨 아픈 사람들에게는 나의 명대사가 된다. '아프냐? 나도 아팠다'로. 어깨가 불편하면 얼마나 힘든지를 알기에 내 아픔이 수그러들면서 주변이 눈에 밟히기 시작했다. 집, 사무실, 길, 어디에서건 어깨부터 보였다. 어깨너머로 본 타인 어깨. 들린 어깨, 말린 어깨, 비대칭 어깨…… 굽은 등…… <곰 세 마리>에 맞춰 으쓱으쓱 춤추다 '으'에서 끝난 어깨가 참 많다. 어깨가 고개 숙여 인사한 상태, 언덕배기 등에 마음이 자꾸 쓰였다. "(어깨뼈 주변을 누르며) 혹시 이곳 아프세요?"가 습관이 되었다. 직원들은 어떻게 알았느냐며 앞으로도 계속 알아맞혀달란다. 다리나 엉덩이는 근육 좀 없어도 안쓰럽기까지는 아닌데 희한하게 어깨는 감정이입이 심하다. 그 사람의 삶이 보여 그런지 블로그에도 어깨를 여섯 번이나 썼다.

함께 일한 부장님과 오랜만에 만나 식사를 했다. 그동안의 안부는 부장님 어깨가 말해주었다. 아니나 다를까. 팔을 들어올리지 못할 정도로 통증이 심해 약속 전에 신경차단술을 맞았다. 옆 부서 팀장과 회사 세면대에서 마주쳤는데 손 씻는 옆모습을 흘끗

보니 어깨와 허리까지 이어지는 능선이 어째 좀 어색했다. 생전 말을 먼저 못 걸다 몸과 관련되니 나도 모르게 "혹시 아픈 데 있으세요?"가 툭 튀어나왔다. 주말에 고속버스 타고 집에 가면 병원에서 도수치료를 받는다고 했다. 평일에 열심히 일한 대가를 경치 좋은 곳이 아닌 병원침대라니. 내 관절인데 남의 손에 이끌리다니. 자유도3을 받아낸 만물의 영장으로서 자유가 억압되고 있으니 내 마음마저 제재 받는 느낌이었다.

그들도 골반이 틀어져 있었다. 어깨는 골반과 허리 문제로도 일어나고 일상 자세로도 공격받는다. 예민하기 짝이 없다. 어깨 하면 오십견이 바로 떠오른다. 오십견은 특별한 원인 없이 통증과 더불어 관절 운동범위가 제한되는 병인데 21년 말 기준으로 한 해 87만여 명이나 진료 받으며 꾸준히 증가하고 있다. 주로 50대 이후(약 82%)에 나타나 붙여진 이름인데 30대 이하도 약 4퍼센트였다(건강보험심사평가원 보건의료빅데이터개방시스템). 흔히 듣는 게 오십견이지 석회화 염증이니 어깨충돌증후군이니 어깨에 근육이 많은 만큼 병도 많다. 뭉치면 살고 흩어지면 죽는다는데 계속 뭉치다간 죽겠을 곳이 바로 어깨다. 아픈데도 병원에 가지 않고 참고만 지내는, 통계 너머 숨은 자들이여 어깨를 펴자.

100세 시대에 절반 이상을 얼어붙은 어깨(동결견=오십견)로 산다면 삶의 질은 고드름이 될 판이다. 틈만 나면 어깨뼈를 여섯 방향으로 움직인다. 막간 셀프 도수치료다. 양팔 나란히 해 앞뒤로 움직였다가, 차렷해 으쓱으쓱했다가, 옆으로 벌려 위아래로 회전하는 식이다. 회사 복도를 걷다가 아무도 없길래 팔을 위아래로 휘둘렀는데 코너에서 갑자기 우회전한 직원을 만났다. 신규 직원 같았다. 약수터 아줌마 보는 눈길이었지만 내 몸은 내가 책임진다. 손을 반대쪽 어깨뼈에 가져다대고 팔을 위아래, 앞뒤로 움직여보자. 어깨뼈가 세상 밖으로 나온 건 아니지만 뱃속에서 태동이 느껴지는 것처럼 존재로서의 가치를 느낀다. 금쪽같은 내 새끼 어깨뼈. 한창 오른쪽 어깨가 말썽이었을 땐 왼쪽 어깨뼈에 손이 닿지 않았다. 오십견 보험상품 들듯이 운동하니 양쪽 어깨뼈가 이젠 내 손 안에 있소이다.

조던 B. 피터슨의 『12가지 인생의 법칙』에서 제1법칙은 "어깨를 펴고 똑바로 서라"다. 어깨를 활짝 편 바다가재 서열을 예로 들었다. 서열구조 내에서 승리는 자신감 있는 자세로 세로토닌 수치도 높여주고, 패자는 위축된 모습으로 세로토닌 수치도 낮다고 했다. 어깨 편 자세 하나만으로도 뇌, 몸, 사회가 상호작용을 하며 양성 순환고리로 엮인다는 것이다.

내 나이도 어깨 너머 오십이다.

오십견五十肩 누군가의 어깨를 무겁게 하진 말자.

오십견五十見으로 누군가의 어깨에 참견할 시점이다.

22

바람 한 점에도
덜렁거림 없는 팔에 저축

인간은 망각의 동물이다. 운동의 시작은 통각이지만 지속성은 시각에 따랐으니. 운동해서 시각이 호강한 곳은 어깨와 팔이다. 팔은 퍼프소매 옷이었다. 발목-다리와 똑같은 논리로 손목은 불쌍하게 가늘고 위팔은 오지랖 넓게 두꺼웠다. 상체운동을 하면서 팔-어깨-겨드랑이-몸통 라인은 흥선대원군이 그린 난초(석파란, 石坡蘭)처럼 자연스레 근력으로 이어졌다. 라인이 묻힐 새라 기장도 짧아졌다. 눈치 없이 생긴 팔이 자존감 불어넣는 곳이 되었다. 은덕 모르고 소홀하면 팔뚝에 새긴 '탄력문신'이 물렁살 된다. 폴댄스는 우락부락보다는 매끄러운 선이 제 맛일 수 있는데 예쁘고 자시고 뭐니 뭐니 해도 내겐 힘이 최고다. 힘 빠지면 운동 실력은 물론 생활이 여간 불편한 게 아니다. 우아미와 부드러움은 내 삶의 적.

등, 가슴, 어깨 운동할 때 팔 힘은 되도록 쓰지 말라고 한다. 오로지 등근육, 가슴근육, 어깨근육으로 움직여 팔은 어쩔 수 없이 따라가도록 한다. 못 이기는 척 질질 끌려가는 신세다. 처음 운동할 땐 내 몸 모든 부위가 지진아였기에 팔이라도 안 쓰면 움직임이 나오지를 않았다. 팔로 그나마 역전 드라마가 가능했다. 특히 손아귀는 노화와 관련이 깊다.

미국 노인학회 학술지에 손아귀 힘이 약한 그룹이 강한 그룹 대비 단명할 확률이 50퍼센트나 높다는 연구가 실린 적이 있다. 쥐는 힘이 50대부터 약해진다는데 난 20대보다 세졌으니 50 넘어 30대를 움켜쥐는 건가. 악력이 좋으면 삶이 편하다. 손가락 힘으로 손목 힘까지 세진다. 낯선 남자에게 손목 잡혀도 뿌리칠 수 있는 무쇠팔이 된 듯하다. 악력은 수족냉증도 잊게 했다. 내 손을 잡아본 사람들은 매번 화들짝 놀랐다. 여름조차 하도 차가워서. 이젠 손난로 소릴 다 듣는다. 갱년기라는 말은 마시라. 손이 뜨거울 때 발은 차가웠으니.

부엌에서 궁시렁 소리가 났다. 이래 가지고 어디 혼자 살겠냐는 둥, 혼자 밥이나 해먹겠냐는 둥 엄마 입이 내는 소리가 도마 칼질보다 높았다. 나름 맛있는 요리를 선보인답시고 새로 산 양념병을 집어 들었는데 그 뚜껑 열다가는 음식이 다 물러터지게 생겼다며 정작 엄마가 뚜껑 열렸다. 엄마는 열손가락으로 병과 뚜껑을 거머쥐고 온몸을 웅크리고 있었다. 오만가지 인상까지 동원했지만 내 손아귀로 넘어 온 양념병.

(엄지+검지+중지)×2=스르륵, 펑, 딱!

다음 날, 회사 사무실에서 남녀 직원 둘이 서서 실랑이를 했다. 그들 틈바구니에 낀 사무용품, 아세톤 병이었다. 설마 이번에도? 오래 돼서 뚜껑이 안 열린단다. 위 공식 대입해 여섯 손가락으로 덜컥 딱! 뚜껑과 몸체를 20대 남직원에게 건네는데 내가 왜 후끈거리는 건지(내게 뚜껑 열린 일들은 이걸로 퉁!) 그러고 보니 작년에 카펫을 세탁소에 맡기고 올 때도 가족들은 놀랐다. 알라딘과 지니 열 명은 태울 법한 오래된 겨울 카펫이라 길이로 보나 크기로 보나 둘이 들어도 버겁다. 가족들이 놀란 게 내가 다칠까봐인지 들고 가다 부딪쳐 카펫이 망가질까봐인지는 몰라도 인력과 시간을 아꼈으니 매년 행사 될 듯. 요즘에는 식당에 일회용 포크와 젓가락이 많이 줄었지만 난 진즉부터 환경보호 ESG 경영을 실천했다. 뭐 좀 먹을라 치면 족족 부러지는 통에 코로나19로 한창 일회용이 극성일 때 쇠젓가락을 싸들고 다녔다.

『공자가어』에서 "잘 달리는 놈은 날개를 뺐고, 잘 나는 것은 발가락을 줄이며, 뿔이 있는 녀석은 윗니가 없고, 뒷다리가 강한 것은 앞발이 없다. 하늘의 도리는 사물로 하여금 겸하게 하는 법이 없다"라고 했다. 하늘은 내게 틀어진 골반과 척추를 준 대신 쉴 새 없는 팔의 현실을 주었고 용불용설로 팔 힘과 악력을 얻었다. 장바구니 세 번 나를 걸 한 걸음에 끝내도록, 악으로 살아내야 할 걸 악력으로 버틸 수 있도록 했다. 자신감은 자세에서만 나오는 게 아니었다. 거머쥔 손끝이 전달한 무쇠팔도 한몫했다. 오른손이 한 일을 왼손까지 알게 했다.

위팔 앞면에는 이두근, 뒷면에는 삼두근이 있다. 팔을 구부리면 이두근, 팔을 펴면 삼두근이 단단해진다. 단순해 보이지만 팔운동도 미세한 차이로 자극점이 달라진다. 가령 상체를 숙였는지 세웠는지, 팔이 몸통과 가까운지 먼지, 손 방향이 손등인지 손바닥인지, 팔을 밀었는지 당겼는지에 따라 자극되는 근육이 다르다. 차이고 자시고 팔운동까지 할 시간이 어디 있느냐, 할 텐데 걱정할 필요는 없다. 다른 운동에서 덤으로 얻는 곳이 팔이다. 다른 운동을 하지 않는 게 걱정이라면 걱정일까.

운동 초보자라면 팔운동부터 해서는 안 된다. 팔부터 시작하면 정작 큰 근육 운동할 때 방해되기 때문이다. 난 힘과 미를 잡기 위해 위팔 후면을 공략한다. 일명 말발굽근육이라 불리는 삼두근.

삼두근 자극운동인 킥백을 좋아한다. 알통이 앞보다 뒤로 튀어나오는 게 좋기도 하지만 운동법과 자극점이 기분까지 킥한다. 등 뒤에서 어퍼컷 날리듯이 덤벨 잡은 손을 하늘 위로 뻗어 올릴 때 짜릿하다. 양손 쌍으로 날릴 땐 날개 펴 날아갈 것 같다. 균형, 균형 하면서 삼두근만 하느냐, 할 텐데 평소에 물건 들 일이 많아 이두근은 생활의 일부다. 그보다는 아래팔이 손목보호대 구실을 해 틈 날 때마다 손목을 움직인다. 출산 후 손으로 바닥을 딛지 못했다. 지금은 푸시업과 플랭크, 폴댄스에도 지장 없는 손목이 되었다. 망각의 동물 안 되려고 아래팔운동(리스트컬)을 한다. 손에 물건 하나 쥐고 팔꿈치를 고정해 손목을 위로 들어 올리면 된다. 때와 장소에 구애받지 않으면서 손목으로 까딱까딱 리듬 타면 전완근이 절로 강화된다. 겨울에는 핫팩 된다. 발목까지 합세해 리듬 앤 블루스!

사람이 동물과 다른 점은 직립보행으로 얻은 팔의 자유다. 자유에는 책임이 따른다. 걸을 때 뒷사람 치듯이 힘차게 팔을 휘두른다. 홍보부에서 일할 때 휴대폰이 두 개였다. 양손에 쥐고 출근길 걸으면 덤벨처럼 제대로 킥백이다. 발가락에 힘주면 손가락도 따라 움직이듯이 팔을 뒤로 휘두르면 다리도 힘차게 걷어찬다. 노화와 직결되는 근감소증도 악력(남성 28kg, 여성 18kg 미만)과 걸음 속도(6m 보행에서 1.0m/초)로 진단한다. 80세 이상에서 근감소증 환자가 50퍼센트를 넘는다고 한다(<한국일보>, "의자에 앉았다 일어서기 5회, 12초 이상 걸리면……", 22.9.25). 어차피 걸을 거 이참에 어깨 관절도 신전하고 삼두근도 자극하니 얼마나 좋은가. 똑같이 주어진 24시간, 똑같이 주어진 출근길, 팔을 힘차게 내딛으면 어디 덧나.

발은 길 위를 산책한다. 손은 집안 구석구석을 산책한다(쓸고 닦으며). '누군가에게 손이 되어주지 못할 바엔 손이 많이 가게 하지도 말자'는 게 나의 신조다. 사람도 덜렁대는데 팔뚝살까지 덜렁대면 정신사납다. 덜렁대든 덜컹대든 이렇게 논할 수 있는 팔이 있어 감사할 따름이다. 성당 앞에서 팔 하나로 365일 과일 파는 아저씨가 있다. 아저씨 팔 힘은 곱빼기다. 아저씨를 향해서나 존재 가치로서나 팔에 대한 예의는 그만큼 부지런히 움직이는 것.

팔 힘을 주체할 수 없게 된 나머지 '팔'자도 고쳤다.

'ㅏ'가 좌회전 한 '퐅'로 팔자 폈다.

23

산소 같은 지구력 여자,
유산소에 저축

    학창시절 체력장에서 오래 매달리기는 늘 1초였다. 마흔까지 그
랬으니 1초 기록 40관왕. 1초는 금메달이 왔다갔다하는 숫자다.
내게는 요지부동 숫자였지만. 체력장에서 매달리기 종목은 버리
는 카드였다. 버린 게 하나 더 있다. 오래 달리기다. 운동장 한 바
퀴 겨우 돌고 중간에 털썩 주저앉는 사람이었다. '여기 돌 굴러가
유'처럼 '여기 숨넘어가유'로 중도하차. '오래' 자가 붙은 건 운동뿐
아니라 매사 그랬다. 몸이 안 되니까 의지고 자시고 어쩔 수 없다
고 단정했다. 몸은 끈기 없는 기질 탓을 하겠지만.

마흔까지 입에 달고 산 단어는 '피곤'이다. 매일 커피 두 잔과 에너지 음료로 도핑도 해보지만 피곤에 절은 느낌은 가시질 않았다. 책임감 지구력으로 버텼다. 운동을 하면서 '유산소'란 말을 접했다. 유산소란 이름 그대로 산소를 태우는 거다. 아니, 산소 없는 운동도 있나. 그래서인지 유산소와 무산소의 경계가 점점 모호해지고 있다. 산소를 완전히 태운다는 측면에서 유산소운동 하면 걷기, 달리기, 수영, 자전거, 줄넘기 정도를 떠올린다. 통상 다이어트나 체력에는 유산소, 근력 강화에는 무산소운동을 한다. 같은 운동이라도 기초체력(운동 초보자 유무)에 따라 유산소와 무산소가 갈리기도 한다. 시대가 바뀌고 트렌드가 변하고 산소가 뒤집혀도 흔들림 없는 진리 하나, 유산소운동을 한 것과 안 한 것의 차이는 분명하다는 사실이다.

내가 선택한 유산소운동은 달리기다. 근력운동으로 몸에 급한 불 끄고 나니 지방 태우는 데 일품이라는 달리기가 눈에 들어왔다. 더 마음껏 양껏 먹을 수 있는 입장권을 부여받았다. 인간이 사냥하면서 쫓고 쫓길 때 쓰던 진화 도구 달리기. 나도 진화하고 싶었다. 학창시절에 도망쳤던 오래 달리기, 이제 내가 쫓으리라. 걷기와 자전거는 남녀노소 너도나도 하니 유행 지난 옷을 입는 느낌이었다. 내 나이에 적극 권장들은 하지만 별도로 시간 내는 게 아까웠다. 수영은 물 공포증과 맞서는 게 번거롭기도 하거니와 전

후 처리 과정을 포용할 만한 부지런도 없다. 줄넘기는 점프가 주는 메리트는 있지만 콘서트 현장도 아닌 맨땅에서 굳이 뭐 하러 (근력운동에서 하는 점프스쿼트, 점프런지만으로도 충분히 괴롭다). 대부분 사무실에서 앉아 지내고 업무적으로 돌발도 많아 굵고 짧게 달리기로 협상 완료.

달리기는 골반을 중심으로 엉덩이, 허벅지, 배, 허리 근육을 주로 쓴다. 몸의 핫플레이스Hot Place다. 뒷발이 힘껏 차주어야 다른 발이 추진력을 발휘한다. 이때 쓰는 근육이 햄스트링이다. 평소 자세에서 취약한 곳이 바로 핫플레이스와 햄스트링이다. 달리면서 자세도 점검할 수 있다. 발 모양이 팔자 아닌 11자이어야 뛸 수 있기 때문이다. 걸을 때 스마트폰 보던 습관도 고친다. 시선은 정면이 좋은데 러닝머신에서 뛸 땐 유리창에 비친 모습 보느라 자동 정면이다. 포니테일(묶은 머리)이 진자처럼 흔들릴 때 더 신나게 달린다. 곱슬머리에 머리카락도 부지기수로 빠지는데 이 맛에 긴 머리를 고수한다. 발소리 강약에도 귀 기울인다. 어느 쪽에 더 힘을 주는지 감시하느라.

처음 달릴 땐 1분이 왜 그리 긴지 5분이 50분처럼 느껴졌다. 가뜩이나 반복동작을 지루해하는 사람인데 여기가 모래사장인지 물속인지 꿈속인지 다리가 괴로웠다. 손가락은 러닝머신 'STOP' 위를 얼마나 서성였는지. 5분을 넘기고, 10분을 넘어섰다. 5㎞도

통과. 좋아하는 노래로 플레이를 구성해 음악시간으로 세뇌시켰다. 40분도 훌쩍. 해낸 다리에 감격스러워 눈에서도 땀이 났다. 하고 보니 학창시절 오래 달리기에서 숨넘어간 건 양심 없는 소리였다. 서른 살이나 더 잡순 이 나이에도 뛰는데 어딜. 안에서 이렇게 틀어박혀 뛸 게 아니다. 실력도 끌어 올렸겠다, 슬슬 밖으로 나가보자.

원주에 '2030 러닝크루' 동호회가 있었다. '달리기 실력과 관계없이 어느 누구나 참여 가능합니다!' 와우 슬로건도 어쩜. 당장 가입 신청. 새내기에게 건네는 리더의 한마디까지 내 의지를 불태웠다. "마침 월요일 모임이니 구경 한번 와보세요!" 주말에 나이키 할인매장을 검색해 찾아갔다. 점원에게 달리기 동호회라 러닝옷과 신발 좀 추천해달라 했다. 민소매티셔츠와 반바지, 운동화를 샀다. 예습 삼아 5㎞도 달렸다. 월요일 아침 일곱 시. 원주행 버스에 올라탔다. 쇼핑백과 함께 탔는데 하나도 안 무겁다. 버스를 탄 건지 비행기를 탄 건지 기분이 날아갔다. 사무실에서는 설렘 레이스를 달렸다. 저녁 여덟 시. 모임 전 단톡방에 입장하라는데 들어가지지가 않았다.

"오늘 참여하기로 한 이지입니다. 제가 기계치라 그런가 단톡방 입장이 안 되네요."

"실례지만 나이가 어떻게 되시죠? 여긴 2030 모임인데……."

"2030년이 아니고 20대 30대였나요?"

나이 먹으면서 먹고 들어가는 게 있다. 서운함이다. 하도 허무해 직원에게 이 얘기를 들려주었다. 직원은 어차피 문자로 말하는데 곧이곧대로 40대라 밝히는 게 영락없는 40대라 했다. 위로조차 서운하다. 아니 무릎연골이 40년식이면 달리기를 할 수 없다는 가이드라인이라도 있나. 40대 후반전도 아닌데. 너희들은 40 넘으면 그만둘 거냐. 7080노래는 70대 80대들이 부르는 노래더냐. 생각할수록 화가 났다. 아버지 메리야스 같은 어제 산 러닝 난닝구. 젊어 뵈려고 주황색으로 샀구만. 뚫어질 때까지 달리마馬! 그 후로 다채롭게 달린다. 발뒤꿈치를 엉덩이까지 차올려 뛰기도 하고 팔굽혀펴기 자세로 다리를 가슴까지 올리거나 두 발 고정한 채 두 손이 엉금엉금 달리기도 한다. 마스크 쓰고 호수 주변도 달렸다가 마스크, 양말 다 집어던지고 집에서 창밖 바라보고도 달린다. 걷기나 계단도 유산소를 거든다. 사무실이 19층일 때 매일 한두 번 걸어 올라갔다. 지금은 부서가 3층이라 전철 계단까지 보탠다. 금강산 찾아가자 1만 2천 보, 갈수록 아름답고 신기하구나.

홍보부에서 있었던 일이다. 아침 여섯 시 반에 신문 스크랩을 하는데 해명이 필요할 법한 기사 하나가 터졌다. 7시 50분, 머리 감는 도중 실장님 연락이 왔다(거품 보글, 물은 뚝뚝). 기사 관련 보고 자료를 만들어 아홉 시에 임원실에서 회의하자 했다. 상황보고서를 만드니 8시 30분. 오피스텔에서 회사 정문까지 빠른 걸음으로 15분. 1층 로비에서 24층 임원실까지 엘리베이터 만원 감안 5분 이상 지체될 터인데. 8시 40분. 집 현관에서 '땅!' 총소리와 함께 짐승 소리 내며 뛰었다(마스크까지 질식하기 일보직전). 빗질을 못한 탓에 갈기는 더욱 휘날렸다. 건조 드라이기도 아닌 땀범벅 습식 드라이기가 따로 없다. 괜히 씻었나. 8시 50분 회사 로비 찍고 3층 홍보부 거쳐 24층 임원실 9시 세이프! 출근길 신기록을 세웠다. 그날 이후 긴급 임원 보고 때 세수를 하지 않고 원장방에 들어가는 신기록까지(마스크의 힘은 역시 세다). 기사를 썼던 기자와도 내달린 속도만큼 소통이 이루어졌고 관계 길까지 텄다.

달리기. 이렇게 써먹었으면 됐지 뭐. 4050 직장크루 맛봤음 됐지. 위로 한번 쥐어짜고.

미국 질병통제예방센터 CDC는 일주일에 150분 적당한 강도로 운동할 것을 권고하고 있다. 수피의 『헬스의 정석』에서도 기초체력을 위한 트레이닝으로 달리기 같은 중강도의 운동을 20분 내외로 주 3-4회 할 것을 권장한다. 유산소운동을 해보니 지방 태운다는 생각이 무색할 정도로 심폐기능에 신비를 느낀다. 심장은 하루에 약 10만 번, 평생에 35억 번을 율동적으로 뛰면서 온몸에 피를 내보낸다. 피가 온몸을 한 번 도는 데 약 50초 걸린다(빌 브라이슨의 『바디』)고 하니 20분만 뛰어도 피가 몸속을 24바퀴 돈 셈이다. 심장과 다리 판막의 하모니다. 다 같이 돌자, 심폐 한 바퀴!

근력운동이 무게를 순간 포착하는 힘이라면, 유산소운동은 긴 국수 가락 뽑아내는 힘이다. 호흡으로 치면 근력운동은 들숨 흡! 유산소운동은 날숨 후~. 피곤이 호흡 따라 쓸려나간다. 피로는 줄고 집중력은 높아졌다. 체력이 좋아져서도 그렇지만 유산소운동이 기억력과 집중력에 상당한 영향을 미친다는 근거도 숱하다.

유산소운동으로 산소 같은 여자가 되었다. 유산소운동은 탄소 같은 성질머리도 잠재운다. 예기치 않은 상황을 들이마셔도 날숨으로 지그시 흘려보낸다. 지구에서 살아남는 데는 지구력이 포인트였다. '관계'도 지구력이 핵심이다. 다행히 난 지인들 지구력 덕에 여기까지 왔다. 그런 의미에서, 2030년에는 20대 30대와 함께하는 나이테도 그려보리라!

24

유연하면 여러모로 쓸모 있는
스트레칭에 저축

"사람 일은 모르는 거다."

이 말을 찰떡같이 믿게 될 줄이야. 스트레칭이 굳건한 믿음을 주었다. 우습게 알았는데 알고 보니 회장님 아들이었다는 드라마 속 주인공과도 같은 게 바로 스트레칭이다. 근력운동처럼 근육 양을 늘려주길 하나, 탱탱하고 갈라지는 근육 결을 만들기를 하나, 순간적 파워를 올려주길 하나. 유산소운동처럼 지구력을 높여주나, 몸을 홀쭉하게 만들어주나. 스트레칭을 한쪽으로 쓰윽 밀어제친 이유였다. 헬스장에 도착하면 누가 쫓아오기라도 하듯이 무거운

추 앞에 앉아 힘주기 바빴다. 시간상 유산소도 애써 퇴짜 놓고 가는 마당에 사전에 몸 풀고(웜업), 끝나고 몸 푸는(쿨다운) 게 가당키나 한 몸짓인가.

이랬던 사람이 스트레칭을 신주단지 모시듯 한다. 늘어난 몸은 근력에게까지 선한 영향력을 행사하니 스트레칭이 덜 중요해 발로 걷어찬 게 아니라 감히 범접할 수 없어서 발들이기 귀찮았던 것이다. 이래서 알다가도 모르는 게 사람이다. 넌 누구냐는 자기소개에 1초의 망설임도 없이 튀어나온 말이 스트레칭 관련이니 말이다. "전 다리가 가슴에 닿을 때 행복해하는 사람이에요." 이 연세에 몸이 그렇게 늘어나다니.

헬스장에 처음 가서 PT선생님이 알려준 스트레칭 동작은 '비둘기'였다. 다리 하나는 앞으로 접어 바닥에 내려놓고 다른 쪽 다리는 뒤로 뻗어 바닥에 붙이는 자세다. 내 허벅지는 시옷자로 들떠 바닥은 구경도 못했다. 어디서부터 손을 대야 하느냐는 표정으로 PT선생님은 "힙플렉서(고관절 접히는 부분)가 심각하게 타이트하네요"라고 했다. 도와준답시고 등을 지그시 눌렀는데 어디 한번 당해보라는 통증으로 느껴졌다. 어깨에 40㎏ 바벨 얹어 스쿼트할 때만 하늘이 노랗고 욕이 한가득 들어차는 게 아니었다. 근력운동으로 잡을 곳도 많은 갈 길 먼 몸인데다 대책 없는 뻣뻣함에 스트레칭은 회원 몫인 걸로 했다.

서서 두 팔을 늘어뜨렸을 때 바닥과 30㎝ 정도 떨어졌었다. 구부정한 등이 팔을 쥐고 놔주지 않는 것처럼 두 팔은 공중에서 대롱대롱 했었다. 내 허벅지도 바닥에 닿아 비둘기가 될 순 없을까. 아니 뒷다리만 뻗어도 소원이 없겠네. 산 사람 소원 하나 못 들어주랴. 푸시업도 했는데. 퇴근 후 밤마다 두 다리를 야금야금 아래로 늘려나갔다. 닿았다. 허벅지가 바닥 맛을 본 순간부터 고통 맛도 달라졌다(찢어짐→중독성). 어느 순간 상체도 바닥에 닿고 앞에 접은 다리도 예각에서 직각을 향했다. 요가선생님의 전유물로만 알았던 큰비둘기까지 되었다. 그동안 엎어진 비둘기였다면 이젠 발딱 선 비둘기다. 뒷다리 발등에 팔꿈치 끼고 머리 뒤에서 양손이 깍지까지 낄 줄이야. 심봤다. PT선생님도 내 뻣뻣함과 척추관협착증으로 이 동작은 '불가능' 판정을 내렸었다. 내가 비둘기인지 비둘기가 나인지 모를 이 엔도르핀을 어쩌란 말인가. 다음 관문, 다리찢기 코스로 이동!

근력운동 하기 전 웜업 스트레칭은 그렇게나 하기 싫었다. 배고파 죽겠는데 뭔 놈의 애피타이저냐는 식으로. 헌데 자세 하나에 꽂히니 그 자세를 위한 웜업은 아낌없이 베푸는 게 아닌가. 이래서 모르는 게 사람 일! 일단 양 다리를 가로로 벌려 상체라도 바닥에 닿아보자. 양다리를 벌려보니 양 무릎은 공중에 빨딱 선 뾰족산이었다. 이등변 다리 각도는 일자는커녕 겨우겨우 직각, 등은 새우. 보수공사 할 곳이 한 둘이 아니군. 고관절을 앞으로 뒤로 굴린다. 발목도 포인 플렉스. 개구리 자세로 앞뒤 왔다갔다……. 퇴근 후 원주 사택의 밤은 '찢어지는 밤'으로 깊어만 가고. 열려라 고관절. 척! 가슴팍이 바닥에 닿았다. 기쁨 열기가 식기도 전에 두 다리는 앞뒤로 향해 있었다. 이젠 세로로. 열십자는 찍어야 찢기 완성이지. 세로로 다리 찢는 걸 준비하면서 힙플레서와 햄스트링, 척추기립근까지 좋아졌다(After). 역시나 두 다리는 세로 시옷자로 들떠 있었다(Before). 허벅지, 고관절, 척추, 종아리, 발목 구부리고 펴기, 반복 재생! 다리찢기를 위한 웜업은 이렇게나 열심이었다. 매일 해서 안 될 건 없구나. 쩍! 그래 이 맛이야. 역시 난 직접적인 관련성이 있어야 움직이는 인간이다.

과한 유연성은 오히려 부상의 위험이 있어 스트레칭이란 모름지기 자신에게 맞는 적당한 범위로 늘려주어야 한다. 안다. 성질은 유연하지 못한 나도 안다. 내겐 이론적 신체범위보다 도전, 가능성, 성취감, 희열도의 가동범위를 늘려주는 게 나를 더 건강하게 만든다. 다리찢기 후 폴댄스 단골 동작인 스플릿은 물론 스쿼트도 더 깊게 앉아 엉덩이근육도 키울 수 있었다. 클라이밍에서는 홀드(돌)를 두 번 짚어 갈 걸 한 번에 간다든지, 유연성을 요구하는 볼더링 문제까지 우아하게 풀어냈다. 심지어 가족들이 소파를 다 차지하더라도 바닥에서 고관절 열어 나비자세로 즐기니 바닥치는 인생도 할 만하다.

'한동안 뜸했었지, 웬일인가 궁금했었지.' 다른 일로 한눈판 사이 비둘기와 다리찢기가 원점 될까봐 마음이 오그라들었는데 한 번 늘어난 관절은 기억력이 상당했다. 하긴 성공하기까지 1년 넘게 걸리고 유지보수 세월도 거쳤으니 이 정도 보상은 있어줘야지. 루틴이 아니더라도 한 번 비둘기는 영원한 비둘기였다. 강력한 두 개를 해내니 다른 유연성들도 걸려들기 시작했다. 바닥과의 접촉면이 늘어갈수록, 양손 맞잡히는 일이 늘어갈수록, 몸의 균형이 늘어갈수록 행복감도 스트레칭 되었다. 회사에서 교육받던 중 강사가 내게 "어떨 때 행복을 느끼냐"라고 물은 적이 있다. 먹을 때라고 했다. 원초적인 것에서 이제 레벨업 되었는데 누가 물을 일은 없을 테고……. 원피스 지퍼를 혼자 올릴 때(어깨 신전), 한 다리로 스타킹 신을 때(중둔근과 균형), 폴더처럼 배꼽인사 할 때(햄스트링과 기립근) 행복을 느낀다.

스트레칭이 이벤트로 그쳐서는 안 된다. 장시간 고정자세도 그렇고 운동을 심하게 하면 근육이 타이트해지니 말이다. 매일 한다는 게 번거롭고 귀찮을 수 있다. 헌데 따지고 보면 근력운동처럼 짐을 짊어질 일도 아니고 유산소운동처럼 긴 시간 빼앗지도 않는다. 기지개라 생각하고 짬날 때 하자. 맛들이면 뜨거운 탕에 지지거나 마신 것처럼 "시원하다~"가 절로 나온다. 불가마나 마사지가 세상 안 부럽다.

스트레칭의 'stretch'는 '늘이다', '신축성이 있다', '펴다'란 뜻이다. 옷에서는 신축성 소재인 폴리우레탄을 의미하고 야구에서는 잠시 멈춘 투수의 손짓을 의미한다. 이렇듯 스트레칭은 잠시 멈춰 몸을 늘리고 유연하게 만드는 일이다. 스트레칭은 근육은 물론 주변에 있는 힘줄, 근막, 인대, 관절포 등 결합조직까지 늘린다. 그 한계를 뛰어넘을 때 관절 가동범위를 넘어 유연해지는 것이다. 스트레칭에는 고정자세에서 늘려주는 정적 스트레칭과 움직이며 푸는 동적 스트레칭이 있다. 하는 정도에 따라 명상도 되고 근력 운동도 된다. 시간을 스트레칭 할 순 없으니 몸의 효용가치를 극대화하는 동작을 택한다. 일상에서 공격받는 위주다. 저격 상대는 어깨, 배, 햄스트링으로 '상중하' 스토리다. 윗물이 맑아야 아랫물도 맑은 법.

스트레칭의 핵심은 바른 자세, 일정 시간 유지, 천천히, 심호흡이다. 처음에는 사지를 많이 뻗기보다 허리가 구부정하지 않도록 한다. 하루이틀 짧아 있었던 것도 아니고 내일 당장 늘어날 일도 아니니 슬로우 슬로우 야금야금. 어차피 시간이 해결한다. 당기고 아프다며 잽싸게 돌아오면 말짱 도루묵이다. 극혐 통증이 아닌 이상, 10초 이상은 버틴다. 늘리는 동작에서 호흡도 내쉰다. 더 늘리고 싶으면 크게 한숨 쉰다. 숨 한 방울 남김없이 폐 그릇을 싹 비운다.

나이 들수록 짧아지고 빠져나가고 뻣뻣해진다. 근육, 뼈, 관절 너나 할 것 없다. 나이 들어도 자라나는 새싹이 될 수 있는 곳, '스트레칭 존'에 오신 것을 환영합니다. 숨이 붙어 있는 한 길게 내쉰 호흡에 한 뼘 더, 한 발짝 더 뻗으련다. 체력은 유연성이 포함된 개념이다. 운동이든 삶이든 유연해야 부상도 줄고 체력도 아낀다. 뻣뻣하면 부러지게 마련이다. 스트레칭을 하다 보니 몸과 마음에도 긴장은 줄고 여유가 늘었다. '스트레'칭과 '스트레'스는 배 다른 형제다. 스트레칭 스트레칭 하다 보니 문장마저 늘어진다.

또 나만 신나게 이완시킨 건가. 읽는 이들의 인내심도 유연해지길.

25

'고성반가' 경지에 이르려면
호흡에 저축

운동할 때 호흡이 스트레스였다. 팔다리 모션 익히기도 숨이 벅
찬데 내쉬고 마시고를 끼우니 그렇게나 성가실 수가 없었다. 헬스
는 통상 근육이 수축할 때 내쉬고 이완할 때 마신다. 이두근 운동
이라면 팔을 구부릴 때 내쉬고 펴면서 마신다. 근육이 수축을 한
건지 이완된 건지도 분간을 못하는 판에 숨까지 어찌 딱딱 맞추
나. 헬스 할 땐 은근슬쩍 넘어갔다. 필라테스가 관건이었다. 호흡
을 신경 쓰자니 동작이 안 되고 호흡이 되면 팔다리와 엇박이다.
호흡법도 특이해 달리기한 듯 숨이 찼다. 이렇게까지 숨 쉬며 살

아야 하나, 라는 공기가 한가득 흡입되었다. 헬스에서 고중량 들 때 숨을 순간적으로 참는 발살바 호흡까지 버릇이라 대공사가 필요했다. 겉으로 보이는 퍼포먼스가 중요하지 속으로 쉬는 숨이 뭐 그리 중요할까. 오리엔탈 필라테스의 첫째가는 기본원리가 호흡이다. 호흡은 일단 생존과도 직결되지만 제대로 쓸 근육을 활성화하고 쓰지 말아야 할 곳은 이완하는 데다 심신까지 일체시킨다.

아득히 먼 얘기지만 필라테스 동작 자체가 호흡이니 할 수밖에. 아랫배가 납작한 상태에서 흉곽을 코로 마시면서 부풀리고 입으로 내쉬면서 쪼그라뜨린다. 동작을 곁들이면 호흡이 와장창 무너졌다. 흉곽호흡 하겠다고 마음먹으니 두 발과 다리, 척추, 골반, 흉곽, 목과 머리까지 정렬 태세를 갖췄다. 필라테스에서 강조하는 나머지 원리가 절로 따라붙었다. 지하철을 타도, 의자에 앉아서도, 뭔가에 집중하지 않는 시간은 호흡으로 다스렸다. 코로 흠~ 입으로 스~. 내 이럴 줄 알았다. 역시나 할수록 는다. 아니 숨 한 번 쉬는데 이렇게나 많은 근육이 자극되다니. 역시 지속성을 이끄는 건 근육이 건넨 느낌이다. 호흡 자체가 복근운동이었다. 광배근과 갈비사이근(늑간근), 골반기저근(방광, 자궁, 직장 등을 보호하고 받쳐주는 근육)까지 동원되었다.

무엇보다도 신대륙의 발견은 횡격막이다. 폐 아래에 가로로 막힌 근육이다. 숨을 내쉬면 우산이 펼쳐지면서 폐가 수축하고, 숨을 마시면 우산이 뒤집어지면서 폐가 확장된다. 장관이다. 느낌이 하도 강렬해 그림이 선하다. 아래위 세로공간을 얼마나 쓰느냐는 내가 호흡하기에 달렸다. 거저 받은 횡격막을, 이렇게나 잘 늘어나는 근육을 그동안 방치했다. 산소도 더 얻고 노폐물도 더 버릴 수 있는 것을. 혈액순환까지 도우니 무슨 운동하느냐는 질문에 "숨쉬기 운동해요"라는 사람 만만히 볼 게 아니다. 길게 내쉰 호흡에 횡격막이 쑤욱 올라갈 땐 안에 든 장기마저 정렬되는 느낌이다. 나이드니 소화력이 떨어져 많이 못 먹겠다는데 횡격막 소화제는 어떨지. 실제 연구에서도 이산화탄소의 지방분해 효과로 다이어트에 날숨과 폐가 언급되기도 했다. 그렇다고 많이 먹으면 횡격막 호흡 약발이 안 먹힌다.

운동 필수품인 호흡법을 몰랐다면 살던 대로 숨을 쉬었을 것이다. 마음이 시동 걸면 걸리는 대로, 몸이 힘들면 힘든 대로 내쉬는 게 호흡이 아니었다. 내 호흡에 집중하는 것 자체가 나를 알아차리는 첫 신호였다. 필라테스 제1법칙이 왜 호흡인지 쉬어보니 알겠다. 가림막도, 판막도 아닌 근육으로 존재하는 횡격막도 알아차렸으니 억울함 없이 숨결이 바람 될 듯. 흉식호흡은 나쁜 것, 복식호흡은 좋은 것으로만 알던 나, 이제 숨통 트인다. 휴~ 어쩌면 호흡을 외면한 건 내면이었을지도. 이제껏 숨가쁘게 살아왔는데 운동하면서 또 가빠야 하느냐는 항변이었을지 모른다. 가쁘니까 해야 하는 것을. 문화체육관광부에서도 일주일에 세 번 정도 말하기 힘들 정도로 숨이 가쁜 운동을 권장하고 있다. 운동을 하지 않았을 땐 한숨 쉬는 소리가 그렇게 듣기 싫었다. 세상 쓴 잔은 혼자 다 마셨나, 주변도 맥 빠지게끔 왜 속으로 못 쉬나며 속으로 욕했다. 한숨은 건강에 특효약이었다. 몸을 늘리는 데도, 횡격막근육에도 좋다. 이젠 한숨 소리에 '잘한다~'며 뒷담화한다.

점심시간에 직원들에게 운동 가르칠 때 흉곽호흡을 강조했다. 저마다 살아 숨쉬던 게 있어 한 번에 호흡 패턴을 바꾸기란 나부터가 쉽지 않았다. 특히나 팔다리를 움직이면서 흉곽호흡 하는 건 고도의 집중력을 요한다. 호흡 연습도 시킬 겸, 딴생각은 날숨으로 날려버릴 겸 하여 직원들에게 자주 했던 말이 있다. "일하다 스트레스 쌓이면 흉곽호흡~" 하루는 직원이 이렇게 말했다. "오늘 열받는 일 생겨서 어떻게 좀 해볼라 했는데 절 숨넘어가게 만들어서 그만⋯⋯. 다음엔 꼭 흉곽호흡 해볼게요."

난 노래방처럼 반주 빵빵에서는 마이크 놓기가 힘들고 무반주에서는 마이크 잡기가 힘든 사람이었다. 악몽도 있고 하여. 중학교 음악시간이었다. 반 아이들 모두 노래 부르는데 선생님이 나를 콕 집어 일어나서 불러보라 했다. 심취해 부르는 입모양 보니 잘 부를 것 같다는 게 이유였다. 내 심장과 폐는 쫓기듯이 달음박질쳤고 결국 고음이 나오지 않아 웃음바다가 되었다. 엄마에게 줄곧

들은 말도 "넌 호흡이 딸려. 배는 근처도 못 가보고 왜 목에서만 소리가 나오는겨"였다(퍽이나 따님이 자랑스러우시겠습니다!). 그런 내가 저자 특강에서 두 번이나 생음악을 펼쳤다. 강연 자리에서 노래도 생뚱맞고, 실력도 생뚱맞을 텐데 가쁜 호흡과 삑사리 없이 사람들 앞에서 불렀다는 게 내겐 산 넘고 바다 건넌 일이다. 노래 실력보다는 나만의 호흡을 전하고 싶었다.

제임스 네스터는 10년간 연구한 『호흡의 기술』에서 코는 숨을 들이쉴 때마다 공기를 데우고, 걸러내고, 속도를 늦추고 가압을 해 폐가 더 많은 산소를 얻도록 한다며 코를 침묵의 전사, 우리 몸의 문지기, 정신의 치유자이자 감정의 풍향계라 표현했다. 또 횡격막은 '제2의 심장'이라며 심장박동의 속도와 강도에도 영향 미쳐 횡격막 운동범위를 50~70퍼센트까지 늘리면 심혈관 스트레스를 줄여 인체가 더 효율적으로 기능한다고 했다. 폐는 30세에서 50세까지 12퍼센트 용량이 감소하고 80세는 20대보다 공기를 30퍼센트나 덜 들이쉰다고 하더니 의지력 호흡법으로 폐를 15퍼센트까지 늘릴 수 있다며 병 주고 약 줬다.

호흡도 자세히 오래 보아야 예쁘다. 헬스와 필라테스에서 힘 조절 호흡을 만났다. 유산소운동과 스트레칭에서 긴 호흡을 만났다. 운동을 하니 호흡이 좋아지고 호흡이 되니 운동이 더 효과적이다. 머리가 지끈지끈 멍멍할 때 기분 전환으로 어디 콧바람 좀 쐬고 오라고들 한다. 의식적 호흡으로 자체 공기청정기 돌리니 주변 자연과도 호흡이 척척 들어맞는다.

삑사리 나던 나. 고성방가高聲放歌에서 고성반가高聲半歌로 접어들었다. 긴 호흡은 '나의 소리'를 높여준다. 마음 울림통도 커진다. 울림통에서 발현된 소리는 긴 파동으로 내게 다시 돌아온다. 그사이 자세를 낮춰준다. 짧은 호흡은 몸에서만 소리가 맴돈다. 목에서 발현된 소리는 되돌아올 것도 없이 그 즉시 튀어나와 목에 핏대 세운다.

숨을 당연시하며 살아간다. 숨가쁘게 살아가는 사람들이 참 많다. 시간적으로나 병적으로나. 의식적 호흡을 하면 달라붙은 목숨에 당연함보다는 감사함이 깃든다. 이젠 호흡 판도가 바뀌었다. 마음이 쉬던 가쁜 호흡은 운동에서 일어난다. 지난 일 되새김질하는 과거, 급히 씹어 넘기려는 현재, 불안으로 휘몰아치던 미래에서 호흡은 브레이크다. 호흡도 내가 주도권 쥐었으니 웬만한 세상살이와도 호흡을 맞출 수 있을 것 같다.

내 삶에 숨을 불어넣어 복福압도 올려줬으니.

26

시간, 장소, 돈,
수지타산 안 맞을 땐 공중헬스

진짜 마흔 넘어 운동한 거 맞느냐는 질문을 마흔다섯 넘으니 듣는다. 몸이 아팠던 적도 있었느냐는 얘기를 내일모레 오십 되니 듣는다. 이 말인즉슨 지금 몸이 그래도 봐줄 만하다는, 운동 좀 한다는 소리로 해석된다. 회사에서 고시나 행정해석을 공개할 때 '자주하는 질문'을 함께 붙이는 경우가 있다. 이처럼 자주 받는 질문에 답을 달고자 시계를 거꾸로 돌려보았다.

아이 낳고 친정집에 얹혀살았다. 주말이면 가족 모두 부천 원미산을 갔다. 원미산 중턱에는 운동기구들이 꽤나 넓게 자리했다.

훌라후프도 두께와 크기가 가지각색이었다. 아이에게 놀이터였던 그곳이 산에 오르는 미끼였다. 운동기구마다 붙어 있는 문구가 있다. 15세 이하 어린이는 사용을 금지하거나 보호자 동반하에 가능하다는 것이다. 어른용 훌라후프를, 내 허리에서는 두 번 이상 돌아가지 않는 훌라후프를 이렇게나 잘 돌리는데 운동기구도 영재처럼 굴리겠거니 하며 주관적인 나이로 기구를 이용했다(그러고 보니 목욕탕도 초4까지 여탕을 데리고 다녔다). 유치원 때부터 이용했지만 양심은 있어서 내 두 팔로 붙잡아 아이도 지키고 나라정책도 지켰다. 꽉 붙들었던 게 버티는 근육인 이완성 수축을 자극한 건지도 모르겠다.

아이가 친가에 갈 때는 서울시 구로구 운동기구를 이용했다. 대림과 신대방 일대, 사람들이 다니는 도로 옆 산책로를 따라가다 보면 운동기구가 퍼레이드로 펼쳐졌다. 종류가 많기도 하여라. 아이도 쑥쑥 자라 어느덧 내 팔 힘을 크게 요하지 않았다. 아이는 어른들이 하는 건 똑같이 맛보고 싶어 한다. 아이 앞에서 어른이 시범 보이면 그걸 해야 어른이 되는 것처럼 곧잘 따라하고는 했다. 어느 순간 부모자식이 아닌 경쟁자가 된다. 아이는 어려서부터 줄기차게 스테퍼(두 발을 신발 모양 공간에 놓고 공중에서 걷는 것) 기구를 좋아했다. 어느 지역을 막론하고 의자에 앉아 두 손잡이를 앞으로 밀면 내 몸이 들리는 기구가 있다. 가슴운동 기구다. 아이를 앉혀놓고 내 팔로 밀면 미니 자이로드롭이 된다. 내겐 팔운동, 아이에게는 롯데월드였다. 운동을 배우고 난 후 그때를 생각하니 ①아이만 앉힌 무게→②나 혼자 앉은 무게→③아이와 함께 앉은 무게를 들어올린 것이 '점진적 과부하'였다. 트레이닝 근육 원리를 일찌감치 실행했던 셈이다.

돈 주고 입장한 곳도 아닌데 기구 하나 놓칠 새라 눈에 걸리는 건 일일이 다 만져보고 집에 들어갔다. 돈도 돈이지만 우린 모두 오랜만에 만난 반가움을 운동기구에 녹여 지불한 것이다. 친할머니도 오랜만, 함께하는 시간도 오랜만, 몸을 움직이는 시간도 오랜만. 혼자만이 아닌 합법화된 시간이기에 알뜰살뜰하게 시공간을 나누었다.

매일 원주로 출퇴근하게 되면서 아이가 초등학교 5학년 때 분당으로 이사했다. 성남시는 탄천 따라 걷는 도로 위, 숲이 우거진 곳에 철봉과 운동기구들이 있다. 탄천 건너 동네에는 놀이터에 운동기구가 함께 있다. 갈수록 시설이 좋아지는구나. 아이도 갈수록 한결같구나. 스테퍼 사랑은 때와 장소를 가리지 않았다. 덕분에 나도 조기교육이란 걸 시켰다는 명분이 선다. 스테퍼 유산소운동. 축구교실이니 농구, 야구교실 같은 건 못 보냈어도 보호자와 함께 입장이 가능한 공중헬스교실을 다닌 게다. 아이는 아무리 커도 부모 눈에는 언제나 아기다. 아이 마음속에는 스테퍼 보디가드가, 내 눈에는 스테퍼 신동이 자리하고 있다. 우린 그렇게 길가에 추억을 흩뿌렸던 것이다.

땀 뻘뻘 흘리며 운동기구 굴리던 아이를 잡아주고 놀이기구처럼 태워줬던 게 내 신경근육도 자극했던 걸까. 내 등판도 마라톤 번호표가 붙은 것처럼 진땀으로 흥건하게 젖었었다. 이렇게 글을 쓰지 않았다면 마흔 넘어 헬스장을 처음 갔다고 한 맺힐 뻔했다. 유치원 근처도 못 가보고 산후조리원 구경도 못해본 거에 얹어 오뉴월 서리 내릴 뻔했다. 대형 헬스장을 다녔던 것을. 그것도 부천시, 서울시, 성남시 3개 도시를 넘나들었다. 휴대폰이 없던 시절 길가다 공중전화를 보면 누군가에게 전화 걸고 싶어지듯 길을 걷다 운동기구가 보이면 아이는 방앗간의 참새가 되었다.

공중전화의 추억처럼 우린 공중헬스장을 다녔다. 시군구를 넘나들 때는 이동수단마저 대중교통이었다. 운전면허증도 마흔 넘어 운동을 맛본 이후에 땄으니 지하철과 두 발로 웜업(사전운동)을 한 것이다. 동네는 달라도 공통된 기구가 있고 그 동네만의 특별한 기구가 있다. 똑같은 기구라면 아이의 발달상태를 확인하는 계기가 되고 지역에 특화된 기구라면 새로운 근육을 자극하는 기회였다.

젊었을 때 송장처럼 지내다가 하루아침에 운동을 한 게 아니었다. 아이가 나를 공중헬스장에 보내주고 운동까지 시켜주었다. 그

안에서 벌어진 배드민턴과 공놀이, 땅따먹기, 비석치기…… GX(그룹운동)까지 했으니 근육을 아예 놀리지는 않은 셈이다. 헬스장의 빵빵한 음악은 새소리가 대신했다. 송글송글 맺힌 땀방울은 바람이 닦아주니 수건도 필요 없었다. 게다가 가는 날이 (말)짱 날이었다. 뻥 뚫린 공중헬스장을 갔을 때 비가 내린 적은 단 한 번도 없었다. 나랏돈으로 헬스장을 다녔다. 그것도 가족 패키지로 혜택 받았다. 햇살과 바람 서비스까지 누렸다. 국가와 하늘에 감사할 일이다.

어느 동네를 가든 야외 헬스장이 없는 곳이 없다. 전국구다. 시도 시군구를 막론하고 공평한 운동기구다. 코로나19로 체육시설 문이 굳게 닫혔을 때 운동을 배운 몸으로 공중헬스장을 다시 찾았다. 감염병을 떠나 공기 좋은 곳에 면역 높일 시설이 있다는 건 행운이다. 근육 좀 쓸 줄 알게 되면서 운동기구를 다시 만나니 비포 애프터가 확실했다. 추억으로 거스른 공중헬스장. 내 몸은 5년 전보다도 탄탄하게 나이를 역행하고 있었다.

밤늦도록 녹초 몸으로 일하는 자영업자들, 육아와 집안일에 발목 잡힌 사람들, 한참 나가야 헬스장을 만나는 사람들, 헬스장에 지갑 열기 힘든 사람들, 가족과 건강 두 마리 토끼를 잡고 싶다면 청정지역 공중헬스장을 추천한다. 요즘은 공중헬스장 주변으로 걷는 사람들이 많아졌다. 일단 신발을 신기조차 귀찮은 단계는 넘어 다행이다. 콧바람도 쐴 겸 야외 헬스장을 찾는 이들이 많아지면 곳곳에 심어놓은 사람 역시 보람찰 것이다. 방문객이 새들로, 파리 날리는 음식점처럼만 되지 않기를.

그러고 보면 장소가 없어 운동을 못할 건 아니다. 신발끈 매고 밖에 나가는 게 문제지, 어디 책상이 없어 공부를 못하던가.

27

가슴 활짝 고개 빳빳 쳐들게 한
폴댄스

헬스로 아픈 데 땜질하니 즐길 곳에 한눈팔게 된다. 댄스학원을 검색하다가 상위 검색어에 눈길이 쏠렸다. 폴댄스. 발이 공중에 뜬 상태로 어떻게 춤을 추지? 호기심으로 일일체험에 나섰다. 비키니 복장의 사람들. 혼자만 그랬다면 야했을 텐데 모두가 그러니 레깅스 입은 내가 더 튀었다. 두 번째 수업. 망사치마를 둘렀다. 동작 배우기도 성가시지만 추장처럼 최고 연장자를 나타내는 것 같았다(발 저린 도둑). '나는 나'라는 MZ세대 사고방식이 오히려 틀려먹은 분위기다. 문화에 젖는 게 상책. 헬스복에서 서서히 폴웨어로 진화했다. 우락부락 근육도 폴웨어에 묻어가고 싶었다. 젊었을 때 남자답게 살고 정작 중성화인 중년에 와서는 선이 고운 여자 타령이다. 호르몬이 뒤집혔나, 나이를 거꾸로, 아니 마음을 거꾸로 잡쉈다.

폴댄스에 한참 빠져 있을 때 원주로 출근하게 되었다. 주말에만 맛을 보게 되었다. 매일 가도 시원찮을 판에. 다리를 뻗거나 등을 제치는 동작은 꿈도 꿀 수 없었다. 나만 철봉 매달리기 시간 같았다. 동작에 성공한 자들은 남아서 또 하고, 하는 족족 고배 마시는 나는 실패하느라 에너지가 소진돼 가장 빨리 퇴장했다. 그들은 평일에도 매일 나와 연습하고 있었다. 여기서도 부익부 빈익빈. 역시 몰빵데이보다 강한 건 분할권법이다.

그 와중에 몸을 거꾸로 뒤집는 기술 배우다 등에 담까지 걸렸다. 정형외과, 마취통증의학과, 한의원 모두 약 먹고 물리치료(침술) 받으며 운동을 쉬라 했다. 그것도 잠깐이 아닌 아예. 폴댄스를 안 하면 안 되겠느냐는 배려인지 월권인지 모를 처방전까지. 병원을 못 믿어서가 아니라 "폴댄스를 해도 된다"는 말을 듣고 싶어 의료 쇼핑을 한 건데 담합하듯이 이런 말을 하면 쓰나. 일요일 한 번 빠지는 것도 큰데 3주를 내리쉬었다. 쉬고 나니 마음이 조급했던 걸까. 서두르다 등이 또 한 차례 공격당했다. 등에게 한 번 속지 두 번은 안 속는다. 등이 가려워도, 등에 달린 지퍼도 꼼짝 마 신세였지만 이에는 이, 움직이다 다친 건 움직이면서 풀기로 했다. 멀쩡한 근육까지 같이 죽을 순 없다.

자꾸 나만 다치는 것 같다. 폴댄스는 그만 "아서라"던 주변소리가 선명하게 들리기 시작했다. 그만둘 때 그만두더라도 뒤집는 동작 딱 한 번만 해보고 때려치우자. 등이 아팠지만 아무 일 없었다는 듯이 수업에 임했다. 바닥에 비스듬히 서서 폴을 움켜쥔 채 두 다리 영차. 다리가 들렸다. 코어에 힘주고 엉덩이 번쩍. 다리도 머리 뒤로 훌러덩. 예쁜지는 모르겠고 일단 거꾸로 매달리기 성공. 앞으로 어쩔 셈인가.

'나도 공중에서 몸을 뒤집고 싶다.' 이카로스가 날개 태워먹은 심정 충분히 공감된다. 위에서 뒤집는 욕망에 불탔다. 김연아 연습량의 손톱만치도 해보지 않고 나와 안 맞는다느니, 내 나이에 내 질병에 위험하다느니 생각은 경거망동이다. 원주에서 단 한 곳인 폴댄스 학원에 등록했다. 습관이란, 연습이란 모름지기 일시불보단 할부다. 평일 공략도 모자라 지도자 과정으로 도전! 가르칠 실력이어야 진정 내 것이고, 언론홍보 담당자로서 시간대를 선택할 수 있어야 했다. 사택에서 학원까지 버스로 20개 정거장이지만 200개라도 찾아가야 할 판이다. 유일무이한 곳이니 귀한 만큼 찾아가는 서비스를 발휘하자.

겨울로 접어들면서 내 팔다리 단풍도 짙게 물들어갔다. 울긋불

굿 푸르딩딩 사지를 멍으로 도배했다. 그러던 중 추운 날씨에 혼자 연습하다 왼쪽다리 햄스트링이 파열되었다. 골반과 척추가 틀어진 사람이라 오른쪽다리만 잘 찢어지는데 내가 왼다리를 뻗었는지 오른다리를 내밀었는지도 모르게 심취했던 것. 이번에도 시간이 약이다. 거의 나을 때쯤 선생님이 멋진 고급기술을 전수한답시고 잡아주다 왼쪽다리가 또 파열됐다. 지난번에는 햄스트링의 1차선이었다면 이번에는 중앙선이다. 가지가지한다. 등도 두 번 터지더니 다리도 두 번이나 쌍쌍파티를 한다. 그래도 안다. 쉬어도 쉬는 게 아니란 걸. 폴로 인한 통증보다 폴을 타지 못하는 고통이 더 심하다는 것을. 적과의 동침으로 통증은 함께 가기로 했다. 입김 호호 불며 버스에서, 폴 위에서 꾸벅꾸벅 졸던 시간들도 흐르고 흘러 지도자시험에도 통과했다. 아이가 드럼을 연주한 벤의 <열애중>을 응원가 삼아 숨이 차오르고 미끄러워 추락할 것 같았지만 끝까지 힘을 냈다. 이 날이 기폭제가 되었다. 여덟 시 수업을 예약하던 날이었다. 얼마 전 회사를 방문한 SBS 기자가 8시 뉴스에 취재 내용을 보도하겠단다. 폴댄스도 여덟 시 생방인데.

8:00 폴댄스 수업 시작. 블루투스를 끼고 뉴스 소리에 맞춰 폴을 탔다.

8:20 "건강보험심사평원의 통계 자료에 따르면…… 관련 고시에서는……."

기자 목소리가 샤우팅 되는 순간, 수업 분위기도 깨지 않고 경망스럽지도 않게 폴에서 사뿐히 착지. 메모할 수 있는 공간으로 이동해 뉴스를 모니터링 했다(비키니복장 재택근무). 잽싸게 임원과 부서장 전체, 관계 부서에 공유하고는 곧장 폴에 올라탔다. "주요 내용은 무엇이고 기사 방향은 어땠나요?" 원장님 문자다. 바닥으로 착지해 폴을 옆구리에 끼고서 정리해둔 내용을 요약해 카톡으로 보고했다. 복장이 편안해서 그런지, 폴이 눈앞에 있어 그런지 업무 처리의 신속성과 효율성이 끝내주었다. 남은 시간은 더 알뜰살뜰하게 바닥이 용암인양 발붙일 틈도 없이 폴 위에서 휘리릭.

토요일 열두 시. 아이 드럼수업과 폴댄스 수업시간이 똑같다. 아이를 승용차에 태워 드럼학원에 내려놓은 후 그사이에 폴댄스학원을 다녀왔다. 아이가 끝나는 시간보다 먼저 도착하려고 매번 폴댄스수업 중간에 나왔다. 기억력도 중간 이탈해 그날 배운 동작을 영상촬영과 함께 한 방에 성공해야 했다. 급할수록 돌아가라 했거늘. 인간의 욕망이 자아낸 결과인가. 겨드랑이 사이에 폴 끼고 다리 찢는 동작을 배우던 날이었다. 멋진 장면인 데다 팔 힘 하면 나이니 일찌감치 성공하고 먼저 나가자! 두 다리를 뻗는 순간 우직. 갈비뼈에 금이 갔다. 12개 중 달랑 하나(9번)라 다행이긴 한데 어처구니없는 골절이다. 폴에 겨드랑이 밑이 닿아야 하는데 갈비뼈는 언제 기어들어갔는지 팔로 조이는 힘이 너무 센 나머지 으스러진 것이다. 약해빠져 주루룩 미끄러졌다면 이런 일도 없었을 것을. 하늘을 나는 동작에 눈이 멀어 아카루스 날개가 타버린 것이다.

걷는 것 외에는 꼼짝도 하지 말란다. 모두가 "운동해도 된다" 했어도 거역할 참이었다. 숨을 쉬기도, 자세가 조금만 틀어져도 눈물이 핑 돌았다. 눕고 일어나는 일은 공포의 대상이었다. '당기시오'와 '미시오', 자동문이 아닌 게 한없이 원망스러웠다. 기자들과 승용차로 이동할 땐 직원에게 사모님 호강하듯 밖에서 문 한 번만 열어달라고 했다. 벌거벗고 다닐 수도 없고 총상 입은 가슴을 부여잡듯이 옷을 갈아입었다. 한여름에 부러질걸. 종일 발 시릴래? 잠깐 양말 신기 고문당할래? 매일 아침 고뇌였다. 시간이 만병통치약이나니. 가족들은 기다렸다는 듯이 안됐지만 잘됐, 슬프지만 웃긴 표정으로 "그러니까 이번에는 진짜로 그만둬. 조마조마해서 도저히 못 보겠다!"

"20대면 4주 이전에라도 갈비뼈가 붙지만 50이 가까운 사람은 몇 달, 아니 1년도 갈 수 있어요. 폴댄스를 꼭 해야 하나요(B정형외과 의사)?" 나 몰래 가족들이 대리처방 받은 줄. 부모가 결혼을 반대하는 사람들 심정 격하게 공감된다. 운동을 쉬면서 날 아프게 한, 나쁜 남자 스타일의 폴을 멀리하려고 골백번도 더 생각했다. 그럴수록 더 그립고 더 만나고 싶어졌다. 적반하장까지 생겼다.

왜 다들 나이를 운운하는 걸까. 폴이 내 자식뻘이라도 되나(폴댄스 선생님은 자식뻘). 사귀면 도둑놈 소리를 들을 만큼 내 나이가 그리 많나. 골절된 지 6주가 지나서야 가슴을 뒤로 제치는 동작이 가능해졌다. 그렇게 로망이던, 꿈을 이루었던 공중에서의 뒤집기air invert 동작은 퇴행했다. 남들 뒤집을 때 구경만 했던 그 시절로 다시 돌아간 것.

폴댄스 복장도 준비하고 손에 바르는 그립겔과 몸에 뿌리는 화장품도 준비해야 하고, 학원에 도착하면 요가매트도 준비하고, 빡

세게 웜업 하고 솜이불보다도 무거운 안전매트도 깔아야 하고 폴 닦는 수건에 알코올도 적셔야 하고…… 번거로움을 아무리 쥐어 짜도 내겐 하나도 성가시지 않다. 집에서 이불 개는 게 귀찮으면 귀찮았지. 추운 겨울날 비키니복장에 닭살 돋아도 폴댄스 동작에 마음은 소름 돋는 걸 어째. 이 나이라서 폴댄스를 접을 게 아니라 이 나이라서 마음 가는 대로 기 펼란다!

훼방꾼들이 많아 그런지 아픔만큼 성숙한 건지 폴댄스와는 전 보다 더 뜨겁게 열애중이다. 운동은 성과만 값진 게 아니다. 음식 에 들어가는 정성처럼 준비과정이 있기에 짜릿하고 향이 더 오래 간다. 폴댄스 하며 받은 임원, 실장, 기자, 부서들과의 연락. 그들 도 함께 폴을 탄 것만 같다. 폴 안에는 무수한 소통이 있다. 폴에게 털어놓던 혼잣말까지. 폴댄스에 담긴 희로애락, 지지고 볶던 시절 이 있어 그런지 그래서 더 애틋하다.

내 생애 공중에서 다리 찢고 하늘 향해 고개 빳빳이 쳐들며 가슴 열어 제쳐봤겠느냐고.

더 멀리 더 높게 보는 나, 봉(폴) 잡았다.

28

혈관이고 림프고 싹 다 뒤집는
플라잉 요가

뭐 그런 날아다니는 요가가 다 있나. 퇴근길 체험으로 쇠뿔 뺐다. 거미가 줄타기하는 듯했다. 천(해먹)에 종아리와 허벅지가 감겨 아프긴 한데 허벅지 터지는 하체 근력운동과는 또 다른 고통이다. 운동에 길들여지면 '통증=유익' 반응으로 변태가 된다. 해먹 안에 쏙 들어갈 땐 엄마 자궁 속으로 도로 들어간 것 같았다. 플라잉 요가는 마음이 답답할 때 거꾸로 뒤집고 싶던 욕망, 하늘로 날아오르고 싶던 욕망, 포근하게 안기고 싶던 욕망 모두를 만족시켜주었다. 욕망이 아니더라도 띵띵 부은 다리, 압축된 척추, 숨가쁘게 보낸 시간을 시원하게 풀어주었다. 기획-난도-예술로 종합점수를 낸다면 각각 만점을 주고 싶었다. 길고 짧은 건 즉각 대봐야 직성이 풀리니 플라잉 요가(GX) 하나 보고 헬스장을 연간 등록했다. 플라잉 요가 전문학원의 3분의 1도 안 되는 (기회)비용으로 시작부터 플라잉. 화요일 고급반이고 자시고 그날로 월화수목 주 4일 플라잉 요가로 야간당직이다!

플라잉 요가 선생님마저 다른 지점은 쳐다도 안 보고 오로지 이 수업 하나에만 정성을 쏟았다. '천'으로 하는 운동 아니랄까봐서 그야말로 지성이면 감'천'이었다. 퇴근 후 불가마에 들어가 지지고 싶은 욕구를 단박에 해결하는 황금 스케줄, 월화수목 밤이 기다려졌다. 퇴근이 늦어 달리기를 하는 한이 있더라도, 허겁지겁 저녁을 쑤셔 넣을지언정 지각, 결근 한 번 없던 당직 근무자였다. 심지어 헬스장 트레이너들이 식사하는 창고까지 양해를 구해 도시락을 먹기도 했다. 플라잉 요가는 눈과 코에 압력이 오르거나 심혈관계 질환자는 조심해야 한다. 울렁거림과 어지러움이 심해질 수 있어 운동 전 식사도 주의해야 한다. 어디 하나에도 해당되질 않으니 움직임으로 보답하는 게 인간의 도리이자 예의다.

플라잉 요가 금기 증상으로 곤욕을 치른 적은 없다. 다만, 음향효과에 해를 끼친 적은 있었다. 플라잉 요가가 얼마나 코어를 많이 쓰는지 절실히 깨달았다. 두 번의 가스 배출이 있었다. 헬스장

음악 정도였다면 그냥 넘어갔을 법도 했다. 플라잉보다는 요가에 방점 찍힌 분위기라 주워 담을 수 없는 배경음악이 되었다. 이미 엎질러진 물. 그 순간 "식사하고 플라잉 요가 하다 토하는 회원도 봤다"는 선생님 이야기가 떠올랐다. 난 위로 나온 것도 아니고 아래로 내보낸 건데, 그것도 고체도 아닌 기체인데 하는 생각으로 그다음 동작에 몰입했다. 저녁식사로 가스 생성 음식인 양상추(양배추)를 포함해 채소 듬뿍 먹었으니 섬유질이 흡수되는, 장이 좋아라 내지르는 소리일 뿐 내 잘못은 아닌 거다. 그 이후로 코어와 조절력을 키우면 키웠지, 밥을 굶지는 않았다. 내게는 플라잉 요가가 '요가'보다는 근력과 유연성을 위한 '플라잉' 운동이기에 밥으로 밑밥은 꼭 깔아야 했다.

약수터나 헬스장 등 곳곳에 기구가 비치된 것만 봐도 알 수 있듯이 몸을 거꾸로 뒤집는 효과는 이미 수많은 책에서 입증된 사실이다. 프랭크 리프먼과 대니엘 클라로가 쓴 『50 이후, 건강을 결정하는 7가지 습관』에서 몸을 거꾸로 세우는 동작은 림프 배출이 개선되고 기운이 솟아나고, 정신력이 강해지고, 피가 거꾸로 흐르면서 평소에 영양분을 많이 얻지 못하는 곳에서도 순환이 활발하게 일어나 노화를 늦춘다고 했다. 뇌도 마찬가지인데다 소화를 돕고 팔다리 통증까지 완화한다며 가장 건전하고 자연스럽게 기분이 좋아지는 방법이라 극찬했다. 거꾸로 된 반중력 상태(인버

전)는 척추원반의 감압은 물론 척추연골의 수분 공급과 척수신경의 공간까지 확보한다고 하니 일부로라도 취할 자세다. 헬스장에서는 대부분 어르신들 차지다. 빈자리가 나도 괜히 연령을 가르는 기구 같아 선뜻 눕기도 뭐하다. 거꾸로 뒤집힌 눈으로 다른 사람과 눈 마주칠 생각하니 눈골이 오싹한다. 그러니 우아하게 마음 놓고 뒤집는 데다 척추에 협착과 측만이 있는 내게 플라잉 요가는 기회인 셈이다. 척추는 바로 선 자세에서 제아무리 움직여도 기껏해야 앞뒤나 옆, 좌우로 회전하는 정도다. 위아래가 뒤집힐 일은 거의 없다. 플라잉 요가를 하고 나면 롯데샌드 같던 척추가 마카롱이 된 느낌이다.

해먹을 밟고 올라서면 내가 언제 이토록 발바닥 지압을 하며 살았던가 하며 뇌가 자극된다. 오장육부를 누른다. 올라가서 동작한두 개 만들고 내려오면 숨이 차다. 산악달리기 같다. 맨 땅에서 달리면 지루할 법도 한데 똑같은 심박수라면 팔다리, 등, 코어 근력까지 써가며 오르내리는 것도 묘미다. 관절 가동범위를 늘릴 때 기구나 소도구 분위기가 싫다면 부드러운 천으로 더 깊게 늘리는 것도 방법이다. 스트레칭으로 몸을 늘릴 땐 아픔이 따르기 마련이다. 해먹으로 고관절과 어깨관절을 열면 아름다운 라인이 연출되어 거울을 본 순간 기꺼이 고통을 감내하게 된다. 종아리와 허벅지에 해먹을 감거나 무릎 오금에 해먹을 거는 동작이 많은데 (몸)

집 청소한다 생각하면 또 순순히 몸을 내맡기게 된다. 셀룰라이티스가 울퉁불퉁하게 쌓인 근육들, 림프에 찌든 때가 덕지덕지 낀 관절들, 지혈대처럼 묶고 풀어 혈액순환 하는 혈관들, 해먹 청소기로 한 판 돌린다. 바람 따라 흘러간 세월의 흔적처럼 해먹이 지나간 자리도 갈수록 무뎌진다. 해먹을 이용해 높이 올라갔으면 안전하게 하나하나 내려와야 하지만, 올라온 게 아까워서라도 풀면서 작품과 작품이 연결된다. 짧은 시간 안에 땀이 한 바가지다. 동작을 잘 따라하면 근육도 제대로 써서 운동이 되는데 말길 못 알아듣고 풀면 덫에 걸린 동물 꼴 된다. 실타래 구멍 못 찾고 발 한번 잘못 넣었다가 해먹에 발목 걸려 대롱대롱을 당해본 자는 공감할 것이다. 운동보다 더한 진땀을, 운동이 아닌 노동으로서 "살려주세요"가 튀어나오는 상황을.

정현주의 『플라잉 요가 홈트』에서 뉴턴이 만유인력의 법칙으로 '위로 올라간 것은 반드시 떨어져야 한다'고 했듯이 플라잉 요가 창시자인 크리스토퍼 해리슨은 '아래로 떨어진 건 반드시 위로 올라가야 한다'고 했다. 아침에 이불 밖으로 일어나는 것에서 반중력을 느끼듯이 살면서 아래로 끌어내리는 힘은 다시 한 번 위로 끌어올리는 에너지라 했다. 철학적이기도 하셔라. 이런 말조차 반중력으로 둥둥 떠다니니 원.

해먹이 실크라 잡기만 해도 미끄러워 불타는 손이 된다. 손가락 근육을 생각하면 해먹은 고마운 활성제다. 플라잉 요가 초보 시절에 팔 힘이 약한 것도 아닌데 미끄러워서 천을 잡고 있는 게 힘들었다. 젊은 친구들은 잘도 붙들고 있던데 악력이 나이를 기죽일 셈인가. "선생님, 손에 초크 바르고 올라가도 될까요? 천(해먹) 빨래하기 힘드시겠죠?"라고 물어본 내 정신상태야말로 나이를 티내고 있었다. 이 나무에서 저 나무로 옮겨가는 원숭이처럼 움켜쥐어 버릇하니 작은 손이더라도 역시 순응해갔다. 몸만 뒤집힌 게

아니다. 손의 쥐는 힘도, 온도도 나이가 뒤집혔다. 손이 시려워 꽁, 발이 시려워 꽁, 수족냉증의 해결사다.

플라잉 요가는 인간 실뜨기다. 어릴 적 갖고 놀던 장난감도 실뜨기였다. 매듭을 묶고 푸는 과정이 흥미롭다. 어딘가에 얽매이긴 싫다. 해먹이 두 손 두 발 옥죄는 건 아름다운 구속이다. 시원함이 있다. 배배 꼬인 마음도 인생 실마리도 풀린다. 지도자시험 준비할 때 동작 외우느라

다크서클이 내려앉도록 연습했다. 그때 혈색이니 피부니 몸이 왜 이리 좋아졌느냐는 소릴 들었다. 한 달에 한 번 만나는 기자들이 전한 멘트라 사실을 보도한 걸로. 몸을 칭칭 감았을 뿐인데.

플라잉 요가는 피만 거꾸로 솟게 한 게 아니다. 추억 필름도 거꾸로 돌린다. 살면서 피가 거꾸로 솟을 상황에서도 몸을 뒤집어 중력에 반기 들리라.

29

생체역학의 심포니,
인체비례도 클라이밍

중3과 고1의 추석 연휴였다. 한참 배부르고 등 따신 타임, 고스톱이나 윷놀이가 등장할 타임이었다. 내가 믿는 진리도 '인생은 타이밍'. "얘들아, 클라이밍이라는 게 있는데 몸도 날씬해지고 아래 팔도 자글자글하게 만들어준다나 어쩐다나." 낚였다. 일일체험에 나섰다. 고딩 질녀는 집 앞 외식하러 나가는 것조차 귀찮아하던 집순이였다. 절친 찬스 써서 복싱을 등록했다가 친구가 그만두는 바람에 덩달아 자동 탈락. 집에 없는 케이블방송과 목욕탕으로 꼬셔 헬스장을 등록했는데 헬스장과 집 사이 그 2층이 멀어 이마저

도 아웃이었다. 덜렁거리는 팔뚝살이 고민이라 집에서 근력운동과 스트레칭도 시켜봤지만 학생과 직장인의 만남도 그리 순탄치는 않았으니.

질녀가 밖에 나간 것으로 산 하나는 넘었다. 차 타고 남의 동네까지 건너갔으니 엎드려 절할 일이다. 아이들 모두 사람 많은 걸 싫어하는데 다들 놀러 안 가고 어째 이곳에 다 모였을까. 커다란 동굴 속에 옹기종기 모인 고대 인류의 한 장면 같았다.

선생님은 밑창이 고무로 된, 빈틈없이 발을 옥죄는 신발과 손에 바르는 하얀 초크가루, 손가락이 까지지 않도록 붙이는 면테이프를 주었다. 스파이더맨 슈트도 이렇게나 무장된 건지는 모르겠지만 어쨌든 돌 잡고 벽을 타야 하니 미끄러움은 최대의 적이다. 아이들은 집에서도 운동화 바꿔 신기가 귀찮아 슬리퍼 끌고 다니는데 변신 과정부터 걸림돌이 될까봐 불안하다. 다리 여덟 개 달린 거미가 아니니 중심축을 어디에 두고 어느 방향으로 어떻게 힘을 줘 이동할지를 계속 생각하며 움직여야 한다. 여기서도 머리 쓰고 문제 풀면 책상과 뭐가 다르냐고 하려나. 수학과학 극혐자 질녀는 과연 살아남을 수 있을까.

"선생님, 체험수업 잘 받았습니다. 혹시 너희들 앞으로 다닐……."

추석연휴라면 어김없이 치던 고스톱을 여기서 짜고 쳤다. 두 아이들은 당연한 거 아니냐는 표정으로 동시에 고개를 끄덕였다. 앗싸 못 먹어도 고! 역시 나의 예감은 틀린 적이…… 많았다. 그 즉시 가족패키지 주말 수업 회원님이 되셨다.

클라이밍 수업은 시작과 끝의 홀드만 지정하고 나머지 과정은 알아서 풀어내는 '볼더링'과 홀드 개수가 많은 '지구력'이 있었다.

볼더링 문제는 신체역학을 어떻게 이용할지 벽에 붙기 전에 머릿속 구상이 필요하다. 긴팔원숭이도 나무와 나무를 이동할 때 계획하에 움직인다고 한다. 지구력 문제는 벽에 붙은 수많은 홀드 중 선생님이 찍어준 20개 안팎의 홀드를 외워야 한다. 일부러 마지막 순서에 하고 앞 사람 할 때 반복학습을 하는데도 내 차례가 되면 벽에 붙어서 '그다음이 뭐였더라' 하다가 힘을 빼곤 했다. 그럴 때마다 등 뒤 관중석은 지휘봉이 되었다. "그 위에 딸기모양, 옆에 코딱지만 한 네모……. 내려오지 마~" 포기하기만 해보라는 소프라노가 울려 퍼졌다. 최종 도착지점까지 가려면 힘과 호흡 조절이 관건이다. 에너지 효율화를 위해 내가 가진 지구력, 근력, 유연성을 총동원해야 한다.

아이들은 평소에 운동하던 나를 훌쩍 뛰어넘었다. 주말 아침잠이 많은데도, 전날 늦게 잤어도 일요일의 남자 송해인 듯 일요일 클라이밍에는 뭉그적이라고는 찾아볼 수가 없었다. 눈 빠지게 들여다보던 컴퓨터와 휴대폰에서 아이들도 구출했다. 큼지막한 배낭 하나가 승용차 한 칸을 차지하고 있다. 암벽화 세 개, 면테이프, 초크가루가 담긴 가방이다. 처음에는 손바닥 살점이 덜렁거리고 팔이 저려 대일밴드와 마데카솔, 타박상 스프레이까지 준비했는데 제외했다. 실력이 향상되어서가 아니라 학원에 충분히 비치되어 있기 때문이다. 탈의실이 있지만 그럴 시간에 벽에 붙어 몸이라도 풀자는 일념하에 우리는 추리닝 바람으로 집을 나선다. 도배하고 온 사람처럼 허옇게 얼룩덜룩한 채로 돌아올지언정.

  클라이밍을 한 후로 식습관도 바뀌었다. 난 체중을 거의 일정하게 유지한다. 질녀는 불닭볶음면을, 아들은 빵 야식을 끊었다. 손가락이 편하려면 가벼움의 기술을 연마해야 한다. 달콤한 맛에 농락당하면 파워를 몇 배로 키워야 한다. 이래저래 힘든 거 공복의 효용가치도 챙기면서 실력까지 나아지는 '깃털' 전략이 낫다. 팔 한 번 부들부들 떨려보면 비우는 삶을 지향하게 된다. 레오나르도 다빈치가 클라이밍을 했다면 <인체비례도> 변형 작품이 숱하게 나왔을 것이다. 클라이밍은 신체역학이 그려낸 벽화다. 원시시대 때 도주하던 인간의 본능과 떨어져 죽지 않으려는 안전의 욕구에 충실한 움직임이다. 과학이자 철학인 셈.

  앞이 가로막힌 벽과 마주하면 벽보고 말하는 느낌일 줄 알았다. 클라이밍은 외롭지 않은 벽과의 소통이다. 더 높은 곳을 오르거나 더 멀리 갔을 때, 위협하던 비탈도 거침없이 건넜을 때 전보다 나은 나를 발견한다. 다큐영화 <던월 THE DAWN WALL>에서 토미 칼드웰은 모두가 '불가능'이라 단정 지은 엘 캐피탄 암벽을 등반한다. 미국에서 최고난도인 높이 910미터의 암벽이다. 손톱조차 들어가지 않는 매끈하고 아찔한 벽면에 도전하는 장면만 봐도 성장 욕구가 강하게 자극된다.

2021년 도쿄올림픽에서 클라이밍 열기가 한창일 때 아들도 클라이밍짐에서 몸값이 뜨거웠다. 선생님과 형님뻘, 아버지뻘 되는 고급반 사람들이 클라이밍 영재가 나타났다며 한목소리를 냈다. 볼더링 문제를 남다르게 풀고 운동이라고는 일요일 단 한 번 이 시간만 하기 때문이다(심지어 시험기간에는 두 번을 빠졌다). 어떤 과목을 가장 좋아하는지, 평소 무슨 운동을 하는지 등등 내게 많은 질문을 했다. 나도 엄연한 회원인데. 이름도 분명히 적혀 있는데 '어머니'로 부르더니만. 수학을 가장 좋아하는 학생이냐며 평일반에 수학학원 선생님도 있다며 평일에 못 나오면 푸시업 인증샷이라도 보내달라며……. 올림픽에 내보낼 것처럼 아이에게 보내는 응원도 무르익었다.

조직에서 잘나갈 때 떠나라는 말을 알았던 것일까. 아이가 은퇴를 선언했다. 고등학교 2학년이 되면서 클라이밍으로 주말 반나절이 날아가 대입시험 치르고 컴백하겠다고 했다. 고3 시험 때도 빠진 적 없던 대학생 질녀가 무색하게시리. 몇 번이고 중고급반으로 영입하려는 걸 엄마와 누나를 배신할 수 없어 함께 했던 아들 의리를 생각해 우린 "I'll be back"을 기다리기로 했다. 클라이밍을 다시 만나는 날엔 아직은 닳지 않았지만 입이 마르고 닳도록 말했던 선생님 의견도 반영할 생각이다.

"어머니, 아이들 암벽화 좀 좋은 거 사주세요. 실력은 장비빨인데.”

　글을 쓰니 당장이라도 벽에 달라붙고 싶어 심박수가 클라이밍
중이다. 고3이 빨리 지나가길 바란다. 수험생 뒷바라지보다 기다
림이 더 고역이다. 합격 여부보다 시험 여부가 더 중요하다. 딸은
커서 비행기 태워준다는데 리어카를 타도 좋으니 클라이밍짐에
만 데려가다오. 아들아.

30

'미'치고 '파'칠 땐 재미 '솔솔', 줌바댄스

폴댄스로 여성의 정체성을 찾아가던 중 헬스장에서 GX를 우연히 보게 되었다. 근력운동은 치료 개념, GX운동은 비∦워킹맘 개념으로 헬스장을 다닌 터라 서당개 3년이 넘도록 GX에는 얼씬도 못했다. 줌바댄스는 금요일 마지막 타임이었다. 아'줌마'들이 추는 춤이라 '줌바'댄스이겠거니 GX룸 바로 입장! 줌바댄스 역사는 몰라도 GX룸 역사는 알고 있었다. 텃새와 기득권이 흐르는 곳. 오늘은 첫날이니…… 맨 앞줄 정중앙……을 살짝 비킨 옆자리에 섰다.

저녁 아홉 시. 전등이 꺼지고 천장에서 색색깔 사이키 조명이 먼저 나와 춤을 춘다. 쾅쾅쾅쾅. 나이트클럽인지 헷갈리게 만드는 음악. 음악신호에 근전도 검사를 받듯 내 몸의 모든 신경이 들고 일어난다. 숨가쁘게 파워 넘치도록 손짓 발짓 했는데 이제 겨우 10분 지났다. 유산소와 근력의 초강력 결합상품인데 남은 40분을 어떻게 버티나…… 할 줄 알았다. 음악이 바뀌고 춤이 바뀌니 좀 전까지의 일은 금세 까먹고 리셋 된다. 첫 아이 산고産苦를 잊고 둘째 셋째 줄줄이 낳아 예쁘다고 흔들어대는 꼴이다. 그래서 줌바댄스 하면 '칼로리'란 단어가 들러붙나보다. 마음놓고 먹을 수 있는 안심클릭운동.

선생님의 눈빛과 손이 지휘봉이었다. 코로나19 마스크로 코와 입이 없어졌는데도 방향지시와 칭찬, 교정, 화이팅 모든 게 통했다. 다 같이 힘들게 땀에 절어서가 아니라 선생님 사인sign에 몰입하는 분위기가 하나로 똘똘 뭉치게 했다. 텃새고 참새고 간에 난 분위기에 취해 흥분을 주체할 수가 없었다. 몸 큐잉으로 다 함께 춤을 추니 말귀를 알아듣네 마네, 제대로 하고 있네 마네 왈가왈부도, 시간 허비도 불필요했다. 서론 길고 설명 길고 리바이벌 질색인 딱 내 스타일. 50분 뽕 뽑고 지적질도 당하지 않는 아줌마 운동이 맞았다. 잔소리는 질색팔색, 자식과 살림에 허덕이는 아낙네 운동이 맞네 그려. 내가 멋쩍을까봐 그런지 선생님은 중간중간 내게 엄지척을 보냈다. 엄지는 초보딱지 떼고 이 바닥에 발붙인다는 각인이 되었으리라. 발도장 쾅!

금요일 밤이 기다려졌다. 월화수목은 금요일의 들러리이자 기대감이 머무는 요일이었다. 금요일 퇴근 후 원주에서 올라탄 버스는 자전거로 느껴졌다. 대전발 0시 50분도 아닌 서울발 18시 30분을 향해 금요일 업무도 같이 뛰었다. 요청사항도 민원전화도 유난히 많던 금요일, 직원이 내게 "팀장님 스트레스 받으시겠어요"라고 건넸다. "괜찮아. 흔들면 돼"라는 말이 나도 모르게 튀어나와 상대보다 내가 더 놀랐다. '음악에 젖으면 그뿐이지 틀리면 좀 어때'라고 속삭이는 듯한 선생님 표정이 자꾸 눈에 아른거렸다. 키가 작고 숏컷 아줌마 파마에 피부는 검고 뚱뚱했던 선생님. 비언어적 소통 하나로 사람을 홀릴 수도 있구나.

두 번째 수업부터는 맨 앞 정중앙에 섰다. 텃새 서식지에서 나도 지정석 한번 만들어보자. 오로지 선생님만, 그 큐잉만 보기에도 바빠 텃새가 왔다갔는지 신경 쓸 새도 없다. 뒤에도 눈이 안 달린 게 천만다행이다. 자리가 사람을 만든다. 내 팔다리 순서가 반대면 선생님의 눈빛과 손짓에서 즉각 피드백이 왔다. 그에 맞서 나도 손가락으로 오케이OK를 보냈다. 음악이라는 바람 따라 내 몸은 버드나무가 되어갔다. 줌바댄스에 홀딱 빠져 수업도 빠지지 않던 중 코로나19 거리두기 단계가 격상되어 수업이 폐강되었다. 3개월 맛보고 폐강이라니 날벼락이다 못해 날강도네. 줌바댄스에 입사해 3개월 수습 해제된 걸로 만족해야 하나.

　도저히 그 열기가 식지 않아 원주 사택에서 퇴근 후 유튜브로 줌바댄스를 했다. 3분이 30분처럼 느껴졌다. 그동안 고강도운동이 장시간 가능했던 건 빵빵 터지는 음악과 사람들의 함성, 후줄근한 옷도 화려하게 보이는 조명이었다. 줌바댄스 정체도 모르면서 집구석에서 혼자 흔들 건 아니었다. 원주에 줌바댄스만 전문으로 하는 학원이 있었다. 줌바댄스에 계파도 있었다. 줌바댄스의 창시자인 베토 페레즈^{Beto Perez}를 중심으로 전 세계(180개 국)가 공통으로 하는 JIN줌바가 진짜 찐이었다. 그 외는 동작이 변형된 댄스였다. 헬스장 GX에서 내가 했던 건 변형이지만 나를 흥분의 도가니로 몰아붙였기에 그거나 그거나다.

　원주 줌바댄스 학원은 선생님 무대가 높아 어디든 잘 보여 자리쟁탈전 없이 동등한 지위로 바닥을 비벼주면 되었다. 선생님이 "휘익휘익" 소리 내면 회원들도 고래고래 소릴 질렀다. 학원이 대로변 코너에 있는데 퇴근할 때 그토록 지나쳤음에도 그동안에는 들리지 않던 소리였다. 귓구멍도 돈에 따라 열리는지 등록하고 나니 창문 틈으로 군부대 훈련 같은 우렁차기 그지없는 소리가 비집고 나왔다. 귀도 트였겠다 특화된 학원인 데다 줌바댄스 전문 복장에 선생님으로 착각할 정도의 실력가 회원들까지 있는데 GX

줌바댄스가 그리웠다. 학원 입구에 '줌바로 1,000칼로리 소모'가 붙어 있지만 동작을 따라 하기가 힘들어 스트레스로 칼로리가 도로 붙을 판이었다. 실력으로 텃새와 철새가 극명하게 갈렸다. 리듬이 규칙적인 것 같으면서도 불쑥불쑥 튀어나오는 엇박에 귀신의 집 체험하듯 깜짝깜짝-멈칫멈칫 했다. 시간이 약은커녕 부작용만 도질 듯.

우리나라에는 JIN줌바댄스 지도자(강사 트레이너)가 네 명 있었다. 그들에게 배우고 싶었다. 서울, 일요일, 종일, 연수과정을 찾았다. 한국인 JIN 마스터 네 명 중 유일하게 남성인 유민환 선생님을 만났다. 일부러 남성을 고른 건 아니지만 어마어마한 근력을 눈으로 확인했으니 여한이 없다. 줌바댄스의 역사부터 기본개념과 리듬, 스텝, 트레이닝, 시퀀스 짜는 법 등의 이론과 온몸이 흠뻑 젖는 실기를 병행했다. 그날 가슴에 꽂힌 한마디가 있다. "강사는 절대 자기 자랑이 되어서는 안 된다. 사람을 이끌어야 한다!" JIN줌바 회원이 되면서 해외 본사로부터 줌바댄스 정보는 물론 음악과 동작 영상을 받고 있다. 2분짜리부터 한 시간 이상까지 세계 각국의 분위기를 맛볼 수 있다. 야근으로 운동을 못했거나 정신 털려 기분이 울적한 날엔 3분 영상을 플레이한다. 굵고 짧은 스텝에 근심도 밟힌다. 어느새 다른 영상을 또 눌러 한 판 더 추고 있다. 말로만 듣던 해외직구, 줌바댄스 덕에 나도 그런 걸 다 해본다. 한 달에

30만 보 채우는 회사 봉사시간도 줌바댄스로 대목 봤다.

영화 <댄싱 마미스>에서 대기업 CEO였지만 불명예로 숨어 지내는 아들에게 엄마는 댄스를 권한다. 우울증과 자살충동의 특효약이라며. 『몸매 건강 멘탈까지 완벽하게 잡는 줌바댄스가 온다』의 저자 권미래는 심한 우울증에서 자신을 살린 건 줌바댄스라고 했다. 내가 이 글을 쓰는 동안 엄마는 힙합댄스팀으로 무대에 세 번이나 올랐다. 이 팀은 나의 전작 『턴의 미학』 출판기념회 때도 분위기를 압도했었다. 70, 80대로 구성된 어머니들은 무대에 오르는 당일까지 병원과 요양원을 드나들며 진료를 받고 금식을 하고 어지러움과 넘어짐 등 많은 사연이 있었다. 음악이 나오는 순간 열 명은 일제히 직업정신을 발휘했다. 연달은 두세 곡에 몸을 맡겼다. 추는 사람이나 보는 사람이나 절로 웃음 짓게 하는 게 바로 춤이다. 출판기념회 때 댄스에 눈물 흘린 이처럼, 아프리카 노예들의 족쇄 발 스텝처럼, 어머니들의 한처럼, 그 몸짓에는 마냥 신나지만은 않은, 아리고 애틋한 그 무엇이 있다.

춤에는 세대, 직업, 돈, 명예 그 어떤 배경도 필요 없다. 그 자체로 하나가 된다. 막춤이라도 서로에게는 맞춤이 된다. 칭찬은 고래도 춤추게 한다는데 날 칭찬하는 이가 아무도 없더라도 이젠 출 수 있다. 나만의 리듬에 맞춰.

31

조화와 균형,
외유내강 필라테스

속 빈 강정, 겉속 따로국밥, 오래 못 가는 건전지, 근육 컨트롤 타워 상실.

위에 해당하는 말은? 내 몸이다.

폴댄스나 클라이밍의 준비운동과 마무리운동에서는 팔다리 근력으로 두각을 나타냈다. 본게임에서도 두각을 나타내긴 했다. 웜업 선두주자가 정작 메인에서는 하는 족족 실패하니까 나 자신이 매트운동 하러 나온 사람처럼 느껴졌다. 나보다 뱃살이 많은데 더 유연하고 오래 버텼다. 나보다 깡말랐는데 반복해도 지치지 않았다. 겉으로 드러난 근육에 다들 기대 만땅 눈빛이다가 몇 동작 못하고 금세 바닥 신세지니 당연한 나이, 안쓰러운 엄마를 보는 듯했다. '그것만도 잘하는 거다'란 말은 위로가 되지 않았다. 신체역학적인 이유이어야지 나이가 이유이고 싶지 않은, 아~ 이유 같지 않은 이유다.

의문에 휩싸여 셜록 홈즈로 나선 운동이 바로 필라테스다. 필라테스를 안 건 책을 두 권 낸 작가이자 강연가, 발레리나, 모델 등 다양한 활동 중인 이가람 부원장을 통해서다. 그녀가 쓴 『필라테스 강사가 되고 싶어』를 보면 필라테스는 조셉 필라테스가 1차 세계대전 당시 수용소에서 포로들의 건강 개선과 재활을 목적으로 병상에 누워있는 환자 침대를 이용해 만들었다고 한다. 조셉의 필라테스에 해부학과 생체역학을 접목해 난도를 조절한 것이 '모던 필라테스'다. 나와 한창 연애 중이기도 한.

처음 태어났을 때 손발가락 열 개 다 있는지, 눈코입 모두 달렸는지를 확인하듯이 필라테스를 통해 나를 알게 되었다. 몸의 구조뿐 아니라 평소에 어떻게 지내는지도 잡아냈다. 오른쪽 발목이 자꾸 돌아가는 걸 보고 출산 이후 줄기차게 삐끗해 넘어졌던 기억이 되살아났다. 햄스트링에 힘을 주지 못했던 건 그 부위가 약해서가 아니라 허벅지 앞쪽이 너무 강해 놓아주지 못한 결과였다. 오른쪽 옆구리가 왼쪽에 비해 열등한 걸 보고 척추가 틀어진 걸 알았다. 평소 마음이 급할 때 오른쪽 어깨가 왜 그렇게 들려 있었는지 목에 긴장을 왜 그리 못 놓았는지 일상을 점검하게 되었다. 그럼 그렇지. 틀어진 신체정렬이 문제지 나이가 원인은 아니었던 것. 몸이 비틀렸다는데도 기쁘다 구주 오셨다.

실마리가 하나둘씩 풀리니 마음에도 눈이 녹았다. 1)골반이 짝짝이인데다 척추는 측만이 있어 유연성을 요하는 동작에서는 남들보다 품이 더 들어갔던 것. 2)남들은 손 뻗으면 닿을 발이지만 난 안간힘으로 잡아 끌은 발이었으니 체력을 낭비한 것(체력 총량의 법칙). 3)겉근육만 써 버릇해 속근육을 요하는 지구력이 금세 바닥난 것. 4)속근육의 노른자인 코어 힘이 없어 위로위로 올라갈 때 에베레스트처럼 느껴졌던 것. 운동 초반에는 팔다리 근력으로 실력이 반짝 행사였다. 역시 속 빈 강정은 시간이 지날수록 드러나는 법이다. 필라테스를 알지 못했다면 자글자글한 겉근육에 취해 살았을 것이다. 역시 자존심이 밥 먹여준다. 불행 끝 행복 시작, 분석 끝 도전 시작!

필라테스로 45년간 잊고 살던 감각을 되찾았다. 대표적으로는 척추, 천골, 고관절, 상부 햄스트링, 발의 존재감이다.

노래가사처럼 얼굴은 V라인 몸매는 S라인만 신경 썼다. 신경 써야 할 S라인은 몸의 옆 라인이 아닌 척추의 S라인이었다. S는 S이다만 난 뒤집어졌다(경추는 앞으로, 흉추는 뒤로, 요추는 앞으로인 S

자 만곡이 정상이다). 누가 앞에서 잡아 뽑은 듯한 거북이목과 등판,
새우등처럼 뒤로 빠진 허리, 해마처럼 말린 꼬리뼈, 그게 나였다.
척추가 바다생물 서식지니 기본자세부터 틀려먹은 것이다. 척추
가 막대기처럼 통으로 움직여 뼈마디 하나하나를 공평하게 순서
대로 움직인다는 건 상상조차 못했다. 목과 꼬리뼈 사이에서 24마

디가 도미노 되는 감각은 감탄을 금치 못할 신 메뉴였다. 그동안 척추가 편파적으로 움직여 일한 놈만 과부하가 걸린 것이다. 천장 바라보고 누운 자세에서 척추뼈가 차례대로 바닥을 타고 오르내 릴 때 난 유레카를 외쳤다. 물론 처음에는 다리로 아무리 용을 써 도 척추가 오도 가도 못하는 처지였지만 '밤이면 밤마다'가 뭐든 통했으니. 이젠 척추가 롤러코스터를 다 탄다. 엉치뼈(천골). 살면 서 어디 생각이나 했었던가. 척추와 꼬리뼈 사이에 위치한 천골. 꼬리뼈에 휩쓸려 퇴화 취급했다. 꼬리 달린 동물들 삶에서나 힘 바짝 주는 곳이 아니던가. 천골은 골반 움직임을 좌지우지했다. 중립으로 바로 세워주는 중추였다. '중추'라는 용어를 '신경'에만 붙일 일은 아니었다.

고관절. 척추가 압박되면 찌릿찌릿하니 그때나 존재감을 느낀 곳이었다. 어깨관절처럼 동그란 절구뼈가 움푹 패인 그릇 안에서 안팎으로 돌아가는 엉덩이관절이었다. 도대체 몇 십 년을 감금한 건가. 고관절 범위가 커질수록 할 수 있는 일도 많아져 그야말로 삶의 가동범위가 넓어졌다. 햄스트링도 뒷다리가 당겨? 말어? 정 도로만 느꼈었다. 햄스트링의 스타트 라인인 엉밑살(엉덩이 바로 밑) 근육이 기타줄처럼 팽팽하게 자극될 줄이야. 발 하나만도 발 바닥과 발등, 발볼, 뒤꿈치, 발가락, 복숭아뼈까지 26개 뼈마디를 모조리 느끼는 듯했다. 세상 짐, 온몸 떠받드는 발이야말로 떠받

들어 모실 근육이었다. 큼지막한 근육에만 눈이 멀었으니 이 얼마나 속물인가. 척추가 해야 할 일을 뒷목이, 고관절이 해야 할 일을 무릎이 대행했다. 뼈마디 하나하나에 이렇게 심혈을 기울이며 산 적이 있었던가. 거북이고 자시고 새우든 해마든 구부러진 곳은 펴지고 타이트해 짧아진 곳은 늘어났다. 아그들아, 키성장 프로그램 우리도 한다! 아이들이 점프해 성장판을 자극했다면 무릎 나갈 이 중년은 우아하게 몸을 펴 중립과 정렬로 성장판을 자극한다.

헬스는 타깃 근육을 고립시켜 자극한다. 필라테스는 전신을 통합적으로 쓰면서 써야 할 근육과 쓰지 않을 근육을 조정한다. 흉곽호흡인 필라테스 호흡이 관여되면 동작이 끝날 때까지 긴장의 끈을 놓을 수가 없다. 집중력 훈련시간이다. 모션을 크게 한 것도 아닌데 사우나에서 방금 나온 사람이 된다. 게다가 필라테스는 운동화와 양말을 깜빡했다고 해서 큰일 나지 않는다. 맨발로 감각을 직접 느낀다. 필라테스 양말도 있지만 난 별로다. 돈이나 빨래 때문에? 맞다. 역사 속 자연인인 맨발의 청춘이 좋아서도 그렇다. 신기한 기구와 도구도 많다. 개인 수준에 따라 같은 동작 다른 도구, 같은 기구 다른 동작을 연출할 수 있다. 내가 이래서 안 된다는 둥 저래서 운동을 못한다는 둥 빠져나갈 구멍이 없다. 헬스는 쇠 무게로 근육을 단련하고 필라테스는 스프링으로 저항을 느낀다. 내가 가장 좋아하는 기구는 리포머와 캐딜락이다. 퇴근 후 천근만근

몸을 뉘일 수 있고 상체가 흔들리거나 무릎 나갈 걱정 없이 근력과 가동범위를 리드미컬하게 키워주기 때문이다. 래더배럴은 반려견 같고 체어는 연애 탐색 단계다. 이제는 사장님 등받이 의자 따윈 필요 없다. 필라테스로 누군가의 등받이가 되면 됐지.

몸속 빈틈에 근육이 들어차니 자세가 바로 섰다. 자세는 첫인상과도 같다. 스탠퍼드 대학교 스포츠의학센터의 야마다 도모오는 흐트러진 자세를 바로잡을 때 피로가 나타난다며 바른 자세와 호흡을 강조했다. 다른 운동을 잘 하고 싶어서, 지치지 않게 일하고 싶어 시작한 필라테스가 삶의 기본기가 되었다. 필라테스는 다른 일을 더 잘하도록, 잘해서 더 즐겁도록 했다. 삶을 조화시키는 뿌리 깊은 나무다. 신체 정렬을 통해 치우치지 않는 삶을, 중립자세를 통해 기대지 않는 삶을, 코어 힘을 통해 균형 있는 삶을, 힘의 불균형을 통해 놓아주는 삶을, 근육 이완을 통해 버티는 삶을 배웠다.

필라테스는 소크라테스다. '너 자신을 알라'는 강력한 메시지가 담겼다.

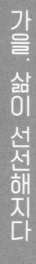

가을, 삶이 선선해지다

32

나에게로의 초대,
남과의 약속만 약속이 아니란 걸

"약속 있으세요?"

회사에서 점심이나 저녁 약속이 있는지 갑작스럽게 치고 들어올 때가 있다. 출근할 때는 분명 점심 저녁에 개인 일정이 있었다. 바인더 to do list에도 또박또박 적혀 있다.

"아…… 없는데요."

바인더 메모는 뒤로 밀리고 어느 순간 그 자리에 앉아 약속 주최자인양 식사를 하고 있다. 운동을 시작하기 전 내 모습이었다. 타인에 의한 타인을 위한 타인의, 시간과 메뉴였다. 내 계획이 있었다 한들, 해도 그만 안 해도 그만인 의지력, 나를 찾는 사람들로부터의 안도감, 뚜렷한 목표의식이 없던 삶, 영역 침범이 되더라도 불쾌하거나 서운할 게 없었다. 식탁 앞에서는 배가 만땅이라도 남은 음식에 휘둘렸고, 마트에서는 계획에 없지만 1+1 세일에 휘둘렸고 다수와 함께 놓인 공간에서는 모두가 좋다 하는 곳에 시선을 빼앗겼다. 줏대 콧대 모두 없던 나였다.

운동을 하다 보면 누가 시킨 것도 아닌데 작은 목표들이 스멀스멀 올라온다. 하지 못한 걸 해낼 때 '도전'이란 알들을 순풍순풍 낳게 된다. 어떻게 부화시킬지 어떤 요리를 할지 구상이 절로 따라 붙는다. '일거리'가 아닌 '설렘'으로 팔다리보다 심장이 먼저 뛴다. 근육 층이 늘어갈수록 나만의 가치관도 자리 잡으며 두터워진다. 굳이 마음먹지 않아도 바인더 표시부터 달라진다. to do list를 막연하게 늘어뜨렸던 메모가 언제 무엇을 할지로 바뀐다. 마치 오전 하체운동, 오후 상체운동처럼. 고객 업무가 아니라면 돌발 회식이나 모임에는 엄연히 약속 있는 사람이다. 전에는 바인더 쓰는 목적이 일정과 소요시간 확인이었다. 이젠 내가 선택할 수 있는 시간, 나를 초대하는 시간의 확보다.

몸에 대한 계획을 스스로 짜면서 나와의 약속을 남과의 약속처럼 취급하기 시작했다. 근력과 유산소, 스트레칭을 분배하고 신체를 부위별로 나눠 운동하다 보니 때로는 드라마 작가가, 때로는 영화감독이 되었다. 내 몸에 차질 없이 다음 편 방송까지 책임지기도, 내가 주인공인 일상을 연출하기도 한다. 예기치 못한 상황에 한두 번 휘둘리다 보면 자꾸 밀려 종편방송이 되거나 인생작품을 포기할 수도 있다.

여섯 시 퇴근 직전. "저녁 먹고 갈 사람?" 부장님 알람이 떴다. 예전 같았으면 '식사할 사람이 없나보다. 함께하고 싶나보다. 오늘 힘드셨나보다'라는 눈칫밥부터 시식하고 열과 성을 다하던 동반자였다. 다른 사람과의 약속을 취소하든, 취소를 못하면 미안함에 내내 신경 쓰던 사람이었다. 오늘은 그동안 아픔을 함께했던 어깨운동 하는 날. 바인더 글자도 매직아이로 뜬다. 저녁식사 여섯 시보다도 먼저 잡은 약속이다. 새치기 약속에 응할 경우 내 어깨죽지 하나는 떨어져나가는 셈. 약속이 있음을 고지하고 출근할 때 가져온 운동복이 허무하지 않게 운동 길에 나선다. '아, 괜히 약속 있다고 했나', '나만 빠져서 분위기 이상하려나' 따위를 무한 반복하던 시절은 이제 갔다. 막상 운동을 하면 오로지 그 행위를 하는 '나'와 그 느낌을 받는 '나'만 존재한다. 내 몸에 몰입한 나머지 좀 전 일은 온데간데없다. 운동방법 익히랴, 근육신경 쓰랴, 한계를 넘어? 말아? 자신과 협상하랴 이 한 몸 간수하기도 벅차다. 순간의 주인공은 '나'이자 세상에서 최고가 되는 순간이다. 내가 주연이냐 조연이냐에 따라 운동 효과는 판이하게 달라진다.

운동으로 몸은 리셋 된다. 그리고 다음 날 출근하면 알게 된다. 사람들은 맛있는 거 하나라도 더 먹이려고 물은 것임을. 힘들게 일했을까봐 챙긴 것임을. 내가 몰입하던 일을 응원하고 있었음을. 설사 뒤에서 욕할지언정 나를 넘어섰다는 성취감에 취해 자비를 베풀고도 남는 멘탈이 된다. 몸과 마음은 떼려야 뗄 수 없는 관계다. 마음 상태가 신체화되기도 하지만 기분 좋다가도 몸 상태가 나빠지면 맘에 없는 소릴 하기도 한다. 난 몸이 마음을 조종하는 일이 다반사다. '나'와의 관계도 멀어진다.

몸의 근육도 내 의지대로 움직일 수 있는 수의근과 의지와 관계 없이 움직이는 불수의근이 있다. 수의근은 뼈와 관절에 붙은 골격근이고 불수의근은 장기에 붙은 심장근과 내장근이다. '자유의지'를 소유한 골격근을 불수의근처럼 대할 이유가 없다. 골격근 운동을 하다 보면 심장근과 내장근도 활성화된다. 삶의 주인이 되라고, 주어진 인생을 내 뜻대로 살라고들 한다. 주어진 몸을 잘 보존하고 컨트롤 할 수 있어야 내 뜻도 들어갈 여지가 있다.

단 10분이라도 매일 몇 년씩 습관을 유지하기란 처음부터 쉽지 않았다. 눈에 보이는 지극히 객관적이고 사실적인 운동 성과가 없었다면 내 삶에 루틴 들여놓기는 별 따기였을지도 모른다. 보지 않고도 믿는 고수가 아니기에. 가시적 성장지표가 나타난 뒤에라야 '나'도 보였다. 팔을 들어올릴 적마다 긴장하며 승모근부터 쓰던 버릇, 일을 할 적마다 배와 가슴부터 내밀던 버릇, 몇 십 년째 케케묵은 습관들이 고쳐지면서 다른 일의 통제 가능성을 봤다. 통제가 될 때 자유도 만끽한다. 남과 외부에 휘둘리지 않는다. 운동은 나에게 집중하라고 나를 초대한 시간이다. 정경화의 <나에게로의 초대>라는 노래가 있다. 이 노래를 언급하면 내게 20대 같다고 한 말들이 무색해질 텐데 10대 아들이 흥얼대기에 한통속이려니.

"어둠 속의 빛처럼 My love……. 어둠 속의 한 줄기 빛처럼 느껴 My love."

운동하는 동안에는 온전히 사랑하는 나만 느껴진다. 제아무리 어둠일지라도 한 줄기 빛처럼 느껴지는 나만 존재한다. 나와의 약속을 잘 지키는 사람이 타인과의 약속도 지켜낸다. 천재지변이 일어나지 않는 한 적어도 내 문제로 약속을 깨지 않는다. 내 시간이 소중해봐야 타인 시간도 소중하다. 나에게 집중해봐야 타인에게 몰입할 근력도 생긴다. 운동과의 약속은 독서, 글쓰기……. 나를 성장으로 이끄는 것과도 약속을 지켜낸다.

새내기 직원이 내게 말했다. "팀장님, 저 오늘 PT 받는 날이에요. 칼퇴근하려면 근무시간에 얼른 달려야겠어요." 그럼 난 "가장 중요한 약속이니 말 달리자." 중간직원이 내게 말했다. "팀장님, 퇴근해 바로 아이 챙기니 내 시간이 나질 않아 운동 좀 하게 조퇴 쓸게요." 그럼 난 "그런 사유라면 얼마든지 콜!"

난 안다. 내 몸에, 내 삶에 주인 행세하면 성과도 몇 배로 올라간 다는 사실을. 나도, 조직도 손해 보면서까지 그냥 보내주진 않거 든. 몸은 그 어떤 지시보다도 우선할 업무다. 자신과 가족들의 코 로나19 감염으로 한동안 회사 공백이 많았다. 직원들은 출근 못하 는 걸 미안해했다. 어설프게 출근해 자신이 컨트롤되지 않는다면 몸에게 더 죄송할 일이다.

직원들에게 힘입어 그럼 나도 "이 팀장, 약속 있나?"에 "네 있습 니다. 하체로 회식 한판 하시지요!"

이에는 이. 밥으로의 초대에는 운동 거머리 작전을.

33

도우려다 보니
어쩌다 걸려든 운동 자격들

"이 팀장, 어깨가 뽀사질 것 같은데 무슨 운동해야 해?"

"팀장님, 원주에서 우리 운동 좀 가르쳐주실래요?"

회사에서 오며가며 받은 질문이다. 1절로 안 끝나는 걸 보면 인사치레는 아니리라. 내가 아파도 티를 안 냈듯 수십 번 골백번 견뎌오다 꺼낸 말일 수도. 몸이 다 다르고 참아내는 역치도 다를 텐데 나만의 방법으로 공유하는 건 무책임한 일이다. 내게는 약인데 상대에게는 독일 수 있다. 음식 질문도 많이 받았다. 평소 몸에 좋은 거 어지간히 챙겨먹는 이미지라 그런가보다. 건강인 듯 다이어트인 듯 내 꺼 아닌 니 꺼 같은 질문들.

어느 정도 보편적인 답을 해줄 순 없을까. 나름 근거가 있으면 좋겠는데. 내 몸과 책으로 접한 체험이 영 허접해 보였다. PT 하듯이 알려주고 싶었다. 대체로 헬스장 트레이너들의 이력에는 생활스포츠지도사(짧게 줄여 '생스') 보디빌딩이 한 줄 적혀 있었다. 늦게 붙은 불 주제에 가랑이 째지게 1급 딸 일은 아니고 2급에 도전했다. 생스 자격증은 문화체육관광부가 주관하는 국가공인자격증이다. 일단 보편성 확보. 엄밀히 말해 난 시험과목 때문에 도전하게 되었다. 질문에 적합한 답이 되고 싶었다. 시험과목에 운동생리학, 심리학, 역학은 물론 영양학, 트레이닝 원리 등이 포함되어 있기 때문이다.

생스 시험은 1년에 한 번 열린다. 자격을 갖추지 않고는 뭔가를 알려줄 순 없다. 못 따면 물은 사람은 1년 뒤에나 답을 듣는 꼴. 한 큐에 합격이다! 1차 필기시험에 떨어지는 사람도 많단다. 진실인지 아닌지 알 수 없지만 추진동력으로 삼기에 딱 좋은 소문이다 (내가 아는 PT선생님도 서류시험에 떨어져 바로 현장에 투입했다고). 다섯 과목 교재 들고 강원도(회사)와 경기도(집)를 넘나들기에는 팔이 고생이다. 챕터별로 분철하고 포켓용 수첩에 요약한 뒤 음성 녹음해 출퇴근길에 들었다. 최근 5년 출제유형을 보니 색깔이 달라 다른 출판사 교재도 구입했다. 다섯 과목 또 들이팠다. 5월, 필기시험 치르고 한 달 후 합격 통보를 받았다. 이제 2차 관문 준비.

80개 동작의 실기시험과 구술면접을 준비했다. 심사위원 세 명 앞에서 무작위로 뽑은 동작을 가이드라인에 맞게 시범 보이고 위원이 질문한 문제를 설명하는 것이다. 그로부터 한 달 후 2차 시험 합격통지서를 받았다. 남은 관문은 96시간 수업 이수. 대학교수 강의를 72시간 이수해야 한다. 8월 한 달간 토요일, 일요일을 스무 시간 넘게 듣고, 보고서도 제출했다. 엉덩이에 진물 날까봐 그런지 이론수업 후에는 3일 현장실습에 보고서를 또 썼다. 질문에 답 쫓다 갈수록 태산을 만났다. 연말에 국가고시 자격증을 손에 쥐며 태산은 일단락됐다.

원주 헬스장 안에서 하는 플라잉 요가를 다녔다. 젊은 무리에 껴 재밌게 잘 배우고 있는데 선생님이 바뀌었다. 새로 온 선생님은 끝나자마자 다른 데 가기 바빴고 수업 내용은 매번 똑같았다. 내 몸은 어느새 신규회원 옆에 가 있었다. 가장 기본이면서 처음에는 두렵고 위험한 동작인 '박쥐'를 가르치고 있었던 것. 이건 나만의 방법 아닐까? 이전 플라잉 요가 선생님에게 연락해 전문가 과정을 물었다. 플라잉 요가의 전설이라며 용인의 한 협회를 안내했다. 주말마다 차를 몰고 가 동작을 익히고 한 달간 필기시험과 80여 개 동작, 티칭시험을 준비했다. 떨어지면 다음 기수에 재시험이다. 용인에서 정식으로 배워 원주 사람들에게 수혈할 생각이었

다. 원주는 회원 수도 줄고 있어 내 책임감도 플라잉 상태였다.

　트레이너 자격증을 딸 때도 체육학 전공자로 보이는 20대 무리들이 바글바글했는데 플라잉 요가도 함께 시험 본 이들이 20대 요가강사나 필라테스 강사, 플라잉 요가를 7년 넘게 한 케이스였다. 8개월 맛보고 노장으로 이 세계에 뛰어들었으니 하룻강아지가 범 무서운 줄 몰라도 한참 몰랐던 것. 헬스장 문 닫는 한밤중이나 문 여는 여섯 시에 연습했다. 해먹에서 깜빡 졸아 아찔한 순간도 있었지만 떨어지지는 않았다. 나도, 시험도. 까다롭기로 유명한 곳에서 자격증을 손에 넣었다. 플라잉 요가 수업이 매번 똑같아 지루하다는 사람에게는 난도 있는 특이한 동작을 알려주었다. 신규회원이든 경력자든 배워서 남 주는 데 한참 재미 보고 있었다. 웬 또 날벼락. 헬스장에서 GX수업은 돈이 안 된다며 운영을 접겠단다. 대표에게 면담을 요청했다. 재능기부 해 회원들 사기를 끌어올리겠노라고. 주말 사이 수업은 없어졌고 내 자격증은 장롱면허가 되었다. 수영 한번 배워두면 나중에도 물에 둥둥 뜨지 않더냐. 가르칠 정도로 몸에 익히니 어쩌다 한 번 체험해도 남다르긴 했다. 믿지 않을까봐 두 달 전에 한 체험에서 "이미 모든 걸 완벽히 갖춘 사람 같다"는 선생님 말을 굳이 인용한다.

원주 폴댄스학원은 단장님 혼자 아이들 대회 준비며 각종 댄스와 필라테스까지 가르치느라 바빴다. 신규회원이 들어오거나 문의 등 돌발 상황도 생겼다. 이쯤 되면 이제 눈치챌 듯하다. 저녁 아홉 시에 90여 개 동작을 익혀 폴댄스 2급 지도자가 되었다. 폴에 1분만 매달려도 숨넘어가던 사람이 장장 3분이 넘는 작품을 찍다니. 이 정도 되면 뭘 알려줄 때 어쭙잖은 오지랖은 아니겠거니 했다. 자격을 갖추니 어려워하는 사람들만 눈에 들어왔다. 내가 성공한 동작을 그들에게 알려주니 어느새 자리도 지정석이 되어갔다.

한 해 자격을 얼추 갖춘 후 22년부터 직원들을 가르쳤다. '자격'을 검증하는 것도 아닌데 비전공자에 대한 '자격'지심인지 자격증을 따고서야 그들 앞에 섰다. 직원들은 몸의 변화를 빌미로 점심시간을 기꺼이 내어주었다. 프로그램을 준비하는 나보다 약속을 철두철미하게 지켜내는 그들이 더 대단하게 느껴졌다. 입사 2년차부터 10년차까지 30대 여성이 내 고객이다. 업무의 연장으로 보지 않는 고마운 회원님들. 누구는 헬스 방식, 누구는 필라테스 방식을 좋아했다. 새로 튀어나온 단어에 또 한 번 눈치 챘을 듯. 필라테스의 성문을 열었다. 고귀한 역사도 모른 채 누군가를 가르친다는 건 어림 반푼어치도 없는 일. 내 몸에 필요한 동작을 다른 사람에게 알려줄 수는 없다. 대학교나 각종 학회 강의, 올림픽 선수 지도, 20년간 다양한 현장경험과 박사과정 등의 끊임없는 연구……보물을 찾았다. 주말에 지도자과정을 학습하고 평일에 직원들을 가르쳤다. 상대에게 필요한 동작을 건네는 것 같아 마음이 한결 가벼웠다. 수원으로 발령 나면서 현재는 잠시 멈춘 상태다(면허 따고 가르치라는 신의 한 수).

수년간 터득한 전문가로부터의 배움은 역시 달랐다. 지도자 입장이 되어보는 것 또한 시선과 깊이가 달랐다. 참고로 자격증 시험들 사이에 회사에서도 2급(부장) 승진 대비 역량평가가 있었다. 작심3일로 합격했다. B급 인생인지 2급 자격증들의 기운인지. 생스시험처럼 회사 역량평가도 심사위원 세 명 앞에서 구술평가를 하고 보고서 평가도 했다. 프로세스를 예습한 셈이다. 누군가의 질문은 나에 대한 대답이었다. 삶의 자산이다. 동작기술만의 단편 드라마가 아니었다. 자격증을 따기 위한 여정 속 수많은 돌발 사건들, 상황에 대처하는 자격까지 얻었다. 진정한 기버는 그들이고 세상이었다. 지도자를 찾아 나선 게 아니라 나를 나답게 하는 걸 찾은 셈이다. 필수과목인 '나' 자격증을 땄으니. 난 상대의 아픔이 사라지고 몸이 변하는 걸 도와줄 때 좋아서 펄쩍 뛰는 사람이었다. 남 도우려다 하늘이 날 도왔다.

살면서 10퍼센트도 발휘 못하는 역량, 90퍼센트의 나는 누구며 무슨 자격으로 남은 인생을 살 것인가. 누군가에게 무엇이 될 만한 자격을 갖추기는 한 건가. 가족관계증명서만큼 중요한 나를 입증하는 증명서. 자격증에 목숨 걸 게 아니라 내게 주어진 자격에 인생 걸 일이다.

"이 팀장, 어떤 자격증으로 인생 사는 게 좋을까?"라는 질문도 받아보고 싶다.

인생 그리 길지 않다. 답변은 가급적 빨리!

34

운동이 자극한 침샘,
우리 음식이 달라졌어요

담배 끊기 힘들어하는 사람에게 손가락질할 일이 아니었다. 내게도 중독된 게 있었으니. 식사로는 '떡튀순', 간식으로는 '단짠'이었다. 근무 중에는 달고 짠 과자류, 퇴근 후에는 떡볶이 튀김 순대를 자주 먹었다. 피자, 파스타, 라면, 빵집에서 아르바이트를 하고 싶을 정도로 이 역시 껌뻑 죽는 음식이었다. 부침개는 기름맛, 회는 고추장맛, 채소는 소스맛으로 먹는 음식이었다. 장바구니에는 캔이나 박스, 비닐에 포장된 음식을 즐겨 담았다. 유통기한이 긴게 음식 내버리는 일도, 시장 보는 일도 줄여 일상의 심신안정제였다.

회사에서 털린 정신과 쉴 새 없던 몸의 보상품이었다. 스트레스 자극은 자극적인 성분이 몰아낸다는 나만의 '의학'이었다. '한잔 거나하게 마셔' 부추기듯이 더 맵고 더 짜고 더 달짝지근한 음식을 향해 회사사람들과 어울렸다. 회사 때문이라기보다는 서양식 혀로 태어나 진화한 셈이다. 내게 고향의 맛이란 된장이 아닌 화이트소스였다. 평화롭기 그지없는 주말에도 기름으로 코팅된 음식을 찾았다. 돈가스, 치킨, 토스트, 케이크…… 한국인답게 밥 먹는 날은 비빔밥, 볶음밥, 김밥과 같은 양념 덮친 밥이었다.

운동이 밥상을 완전히 뒤엎었다. 내장도 운동을 한 건지, 먹다 보니 침샘 근육이 발달한 건지 입맛이 변했다. 운동세포는 감각세포를 자극했다. 입이 상당히 짧은 질녀도 필라테스를 하고 나면 입맛이 부활한다며 마냥 신기해한다. 건강한 음식이 입에도 맛있으니 묻고 따질 것도 없다. 재료 자체의 맛을 감별하게 되어 전보다 먹을 수 있는 음식이 무궁무진하게 열렸다. 식감이 안 좋네, 향이 안 좋네, 맛이 없네, 소리가 쏙 들어갔다. '입에 안 맞아 못 먹나, 몸에 해로워서 안 먹지'가 레퍼토리다. 몸에 좋은 걸 더 먹기보다는 해로운 걸 차단하는 게 먼저다. 일과 똑같다. 하지 말아야 할 일부터 하지 않는 것. 일 중에서도 가장 중대한 일이 먹는 일이다. 밤에 라면 먹으면서 콜라겐이 몸에 좋다느니 오메가3가 풍부하다느니, 돈 들여가며 챙겨 먹는 사람 여럿 봤다.

　내가 자제하는 건 세 가지다. 스스로는 '금지' 음식이지만 타인과 함께라면 손톱만치는 먹기에 '자제'라 표현했다. 밀가루, 설탕, 흰밥이다. 흰색을 자제했을 뿐인데 희한하게 기름도 덜 먹고 술까지 멀어졌다. 끊고 보니 그동안 술 마시던 패턴이 그려졌다. 맥주 마실 땐 기름진 안주를, 소주 마실 땐 밥 안주를 최고로 치던 그림. 시리즈였던 해장라면까지 끊겼다. 라면과 결별한 지 6년이 되었으니 이제 우린 평생 남남이다. 아닌 걸 먼저 정하면 해충 같은 음식들이 문어발식으로 떨어져나간다.

　바디 프로필 찍기 두 달 전 샐러드를 처음 맛봤다. 촬영 한 달 전부터는 닭가슴살 샐러드만 먹었다. PT선생님은 닭가슴살 대신 연어나 소고기도 좋으니 질리면 바꿔 먹으라 했다. 아이고, 질리다니요. '닭가슴살 샐러드 총량의 법칙'이라도 있는 건지 젊어서부터 먹던 사람은 질릴지 모르겠으나 마냥 새롭고 여전히 맛있다. 이제 막 삼각김밥을 청산한 사람으로서 연어와 소고기는 분에 넘치는 초고속 승진이다.

　똑같은 메뉴라도 몸 상태와 시간대에 따라 또 달랐다. 변함없는 진리는 하나같이 다 맛있다는 것. 먹는 걸 이렇게나 밝히는 인간이었나. 쩝쩝 소리보다 "음~" 효과음이 밥상머리에서 떠나질 않는다. 씹는 것도 30회 이상이면 소화효소가 담긴 침 분비나 뇌 자극에도 좋다는데 나이 먹어 어금니가 제구실한다. 밥을 같이 먹던 새내기 직원에게 서두르지 않아도 괜찮다는 의미로 "꼭꼭 많이 씹어 먹어" 하니 "전 평균 20회 정도는 씹는 것 같아요"라는 답이 바로 튀어나왔다. 더 강적인데 누가 누굴. 젊어서부터 몸 챙기는 이런 분위기도 "음~"

흰색 기피자로 정평 나기 전에는 육식주의자로 알아주었다. '고기' 하면 나였다. 1인 3역도 거뜬히 해내는 양, 콤비로 술까지 한몫하는 인물로 사람들 뇌리에 박혔었다. 과일은 후식으로 누가 줘야 먹는 음식이고 채소는 고기에 치여 위장에 발 들일 틈이 없었다. 샐러드 심봉사가 눈을 뜨고부터는 한약처럼 느껴지던 케일마저 양배추만큼 달콤했고 채소이파리마다 향과 결이 달라 숲 체험이 따로 없다.

과일은 더 이상 후식이 아닌 밤새 유지한 공복 후 첫 끼다. 사과, 토마토가 기본이고 (주머니) 사정에 따라 제철과일이 추가된다. 매 끼니마다 탄수화물, 단백질, 섬유질이 빠지지 않는다. 점심, 저녁 모두 일정이 있어 밥상에 채소가 없던 때가 있었는데 그때 '몸'소 깨달았다. 그동안 채소가 이 한 사람의 신선도를 유지시켜 줬음을. 밀가루나 고기만 먹었을 땐 수면제 수십 알을 복용한 듯 몽롱했다. 이젠 샐러드에 소스를 들이붓지 않아도 제 맛, 제 멋대로 느낀다. 먹는 건 피곤한 스타일이지만 피곤과는 더 멀어졌다.

애쓰지 않아도 몸이 절로 슬림해진다. 뭘 먹을지 고민도 대폭 할 인되어 삶도 날씬해진다. 100가지 찬을 사준다 해도 일상 패턴대 로의 가짓수가 100배 낫다. 내 말이 아니고 몸이 하는 소리다.

사람들은 나보고 왜 탄수화물을 먹지 않느냐고 한다. 과일에도 들어 있고 채소에도 이미 포함되어 있다. 과일은 흰밥처럼 혈당을 급격히 올리는 단당류지만 섬유질과 수분이 풍부해 괜찮다. 채소 는 천천히 당을 끌어올려 과식까지 막아주는 복합탄수화물이다. 장에도, 내게도 득이니 먹는 순서에서 1등을 차지할 수밖에. 피부 도 증인이다.

이런 식습관은 간식도 끊어주었다. 사람들에게 소외될까봐 숨 기려다 이젠 말한다. 나만 빼고 간식을 돌려도 서운함의 경계를 넘어섰고 설사 주더라도 공복시간을 지켜낼 수 있으니. 밤 열 시 와 새벽 두 시 사이에 백날 자도 성장호르몬을 챙길 나이는 훌쩍 지났다. 그렇다고 이런 특효약을 포기할 순 없다. 지방도 분해하 고 단백질(근육)도 합성하는 호르몬계의 으뜸을 절대 놓칠 순 없 다. 이 나이에 성장호르몬을 취할 방법은 두 가지다. 하나는 공복, 다른 하나는 운동. 간식을 간주점프 하는 이유다. 5시간 이상 지나 저녁 한입, 12시간 이상 지나 아침 한입 베어 물 때 땀흘린 농부의 새참 맛이다. 인내 후 열매는 역시 달다. 젖과 꿀이 흐르는 곳이 바 로 내 속.

매년 1퍼센트씩 근육이 절로 빠져나가는 나이인지라 단백질은 끼니마다 빠질 수 없다. 근육세포는 물론 머리털과 손톱, 호르몬까지 관여해 단백질은 필수다(간, 신장에 무리 가지 않을 정도로만). 단백질은 배고픔도 잊게 한다. 단백질로는 달걀, 콩, 두부, 생선을 주로 먹는다. 채소와 가까워지면서 고기와도 멀어졌다. 동물성 단백질을 먹게 된다면 네 발보다는 두 발(닭, 오리)이 속이 편했다. 혼자일 때는 식물성단백질 위주지만 누군가와 함께라면 동물성 단백질도 허용. 상대를 불편하게 하면 내 마음이 안 좋아 좋은 음식을 먹더라도 성분이 휘발되는 느낌이다. 지방도 동물성기름은 자제한다. 버터나 마가린 류를 보면 내 혈관에서도 똑같이 딱딱해지는 느낌이다. 수많은 문헌에서 동맥경화증 원인을 꼽기도 전에 몸이 먼저 굳는다. 올리브(유) 같은 식물성기름을 좋아한다. 견과류나 생선에서 배어나오는 지방 맛에 침샘도 기름진다. 유일한 간식(저녁식사 한 시간 전)인 견과류는 포만감도 주지만 씹을수록 고소하다. 그래 그런지 사람 씹는 일도 줄었다. 부대낌과 느끼함이 없는 지방이다.

회사에서 위기대응과 임원보좌 업무를 할 수 있었던 건 튼튼한 장 덕분이다. 장腸은 제2의 뇌이자 기분까지 좌우하는 감정 호르몬 소굴이다. 음식이 통과하거나 찌꺼기를 저장하는 곳으로 치부하기엔 존재감이 너무 크다. 귀하게 모실 곳이라 장이 좋아하는 순서대로 먹는다. 과일, 채소 다음에 단백질, 탄수화물, 지방 순이다. 나름 한 줄 서기로 먹는 중인데 가끔 지인과 고객들이 달걀을 좋아하지 않느냐, 고구마나 단호박이 그냥 다 남았다며 중간에 가져가면 몹시 서운하다. 레퍼토리 재창, "제가 못 먹는 음식은 없어요. 아직 때가 오지 않았을 뿐." 이제는 내 앞 접시에 미리 가져다 놓고 순서대로 먹는다(양보할 법도 한데). 어려서 초코파이와 과자 있는 집이 그렇게나 부러웠는데 엄마의 선견지명이 있었다. 장하게 키운 셈이니.

6하 원칙은 글에만 적용되는 게 아니다. 음식세계도 통한다. 6하 원칙을 지킬수록 글처럼 삶도 매끄러워진다. 무엇을, 언제, 어떻게, 왜, 누구와 먹었는지가 몸의 생리적 반응을 뛰어넘어 삶의 강력한 무기가 되었다. '단짠(달고 짠)'에서 탈피한 '담삼(담백 삼삼)' 세계는 자연친화적인 삶이다. 시장친화적으로 장바구니에 부지런도 떨어야 하지만 기나긴 세월의 유통기한보다는 빨리 먹어치워야 하는 생생한 자연식이 훨씬 낫다. 체력 유통기한이 말도 못하게 길어졌으니 장바구니는 일도 아니다.

다 먹고살자고 하는 짓인데, 그 말 맞다. 먹는 게 곧 '나'이자 '삶'이다. 먹는 대로 삶이 펼쳐진다. 느끼하지도 건조하지도 않은, 과하지도 모자라지도 않은 삶. 음식 앞에서 침샘과 눈물샘이 마를 날이 없다. 나이 들수록 침이고 눈물이고 물 부족 현상이 심각해지는 판에. 운동은 땀샘만 건드리지 않았다. 입맛 돌고 살맛나는 침샘도 자극했다. 참을 수 없는 존재의 가벼움이 아닌, 몸을 위해서라면 얼마든지 참을 수 있는 가벼움이다. 시간 지나 쌓이는 건 운동이나 음식이나 모든 습관이 다 그렇다. 더군다나 음식은 배가 당장은 안 찬 것 같은데 시간 지나 뱃속에서 불어 터지는 경우도 있으니 현존의 가벼움이 되길(예시: 콩).

'우리 아이가 달라졌어요'처럼 우리집 음식이 달라졌다. 가족들도 자연친화 사상으로 변했다. 70대 아버지는 과일과 달걀로 아침을 맞이한다. 알코올이 머물던 자리를 채소가 꿰찼다. 고딩 아이도 가공음식과 과자, 음료수와 절교해 노동자 저리 가라로 두세 끼를 먹는다. 아들의 레퍼토리는 "현재의 만족(간식)을 보류하고 지연시킨 기쁨(식사)을 한껏 누리리라"이다.

　깊은 집 속 옹달샘의 현장이다.

35

죽다 살아난 오감,
주의산만과는 격이 다른 소머즈

어려서는 '소머즈'라는 별명이 듣기 싫었다. 친구들은 거기까지 들렸느냐며 진짜 잘 듣는다고 화들짝 놀라곤 했다. 1등을 한 것보다 더 큰 감탄을 자아냈던 청력. 귓밥이라도 차곡차곡 쌓아 틀어막고 싶었다. 술을 달고 살던 아버지, 칼부림 날 정도의 부모님 싸움 소리로 밤이 길었다. 뜬 눈으로 지새어 학교를 가야 했고 아무 일 없었다는 듯이 출근을 해야 했다. 기가 막히는 상황에서는 귀가 막혔으면 했다. 어쩌다 고요한 밤이면 쥐들이 지하실 집까지 쳐들어와 바스락댔다. 꼴랑 방 두 개 사이를 어지간히도 들락거렸다. 지하실 방을 내려다보던 좀도둑 소리, 네 가정이 함께 쓰던 공용 화장실 소리, 8만 원 월세방에서 내보낼지 말지 새어 들어오는 집주인 소리…… 귀가 밝아 서운했던 소리로 밤처럼 귀도 어두웠음 했다. 아직도 앰뷸런스 소리에 깜짝깜짝 놀라는 걸 보면 귀먹을 나이는 한참 먼 것 같다. 그렇다고 작은 소리는 괜찮았나. 수군대는 소리는 내 얘기를 하는 것 같고 나뭇잎 바스락 소리는 누군가가 따라오는 것만 같았다. 들려도 못 들은 척, 못 알아들어도 들어먹은 척을 했다.

운동을 하면서 귀가 트였다. 볼륨이 크다고 전부 소음은 아니었다. 소리가 없다고 마냥 고요한 것도 아니었다. 준비운동이나 순발력을 요하는 근력운동에는 심장비트의 빠르고 웅장한 음악이 흐른다. 폴댄스나 플라잉 요가처럼 선이 고운 몸짓에는 부드러운 음률이 흐른다. 줌바댄스는 스텝에 따라 레게음악부터 힙합까지 다양하다. 필라테스는 내 몸에 집중하느라 집에 갈 때쯤 되어서야 음악을 알아채기도 하고 음악 없이 팔다리 리듬으로 환청이 들리기도 한다.

운동은 귀를 쉬지 않게 만들었다. 새소리, 바람소리, 나뭇잎 흔들리는 소리가 너무도 또렷하게 들린다. 자연의 목소리가 이토록 컸었나. 다리근육이 부실할 땐 내 신발소리에 묻혔었나보다. 전엔 바로 코앞에서 물이 흘러도 너는 너, 나는 나였다. 그야말로 물로 봤던 물소리. 이제는 클래식으로 들린다. 원주에서 수변을 거쳐 가던 출근길이 즐겁기까지 했다. 물은 바위 크기에 따라, 경사도에 따라, 날씨에 따라 소프라노와 알토, 알레그로와 안단테, 각양각색이다. 상류층 물은 내려 보내는 소리마저 여유롭다. 하류층 물은 내려갈수록 소리가 거세다. 소리가 맑게 들리고 소리를 분별하게 되면서 길 위에서 블루투스는 짐이다.

자연의 소리가 들리면서 다른 사람 이야기도 들리기 시작했다. 예전에는 귀가 뚫려도 마음은 닫히곤 했다. 집이 떠나갈 듯이 시끄러울 때 방구석에 틀어박혀 내 자식 귀만 있는 힘껏 틀어막았었다. 이제는 들은 티도 내고 내 생각도 말한다(부부싸움 빈도와 강도도 확 줄었다). 직원들끼리 하는 말도 예전 같으면 트리플 A형답게 내게 한 말이 아니니 모른 척했을 텐데 두더지 머리처럼 일어나 함께 웃기도, 함께 해결하기도 한다. 의미를 두어야 할 것은 세심히 듣고 의미 없는 것은 흘러가도록 귀에 거름망도 생겼다. 의미를 판단하는 능력은 더 키워야 하지만. 운동도 써야 할 근육과 쓰지 말아야 할 근육을 명확히 분리해야 한다. 근육을 분리수거해 버릇하니 오감도 분리되었다.

운동을 하면서 수십 년째 달고 산 비염이 사라졌다. 코가 자유를 얻어 그런지 세상에는 향기 천지다. 꽃, 나무, 풀, 건물, 아이들……향이 바람에 업혀 내게 온다. '나'라는 인간도 무색무취인데 몸에 뿌리고 발라 향을 풍겨본 적도 없다. 세상 향기로도 충분하다. 갈비 구워 먹고 향수 뿌리기보단 땀 흘리면 땀난 대로 나만의 향기를 뿜는다. 코 안쪽에서 뇌 아랫부분까지 분포한 후각망울olfactory bulb이 뇌의 편도체와 해마로 바로 연결돼서 감정과 기억과도 밀접한 관계가 있다고 한다(짐 퀵의 『마지막 몰입』). 운동이 콧속만 뚫어준 게 아니었다.

내 몸에 근육 붙기 전에는 걸을 때 시선은 휴대폰 아니면 머릿속이었다. 전철 갈아타는 복잡함 속에서도 화면을 보고 화면에서 눈이 멀어지면 이 일 저 일 끌어다가 걱정을 들여다봤다. 출근길 광고문구, 상점 안팎 풍경, 사람들 걸음걸이와 몸 정렬…… 볼거리가 차고 넘친다. 슬쩍 자른 직원 앞머리, 부모님 병수발과 육아에 지친 직원 어깨도 보인다. 어제와 오늘, 화면 속 틀린 그림 찾기다. 사람들 표정이 품은 여정에서 보이지 않는 것의 소중함을 배웠다. 운동감각 하면 촉각을 빼놓을 수가 없다. 몸에 살집이 늘어졌을 땐 살을 드러내거나 다른 사람과 스치는 게 싫었다. 이제 '피부'라는 건 남세스러운 살이 아니다. 기능을 다하는 근육이다. 스스럼없이 살갗 드러내고 바람과도 접촉한다(피부보단 넉'살'). 몸이 뻣뻣할 땐 생각과 말투도 무미건조했다. 자세가 바뀌면 태도가 변한다더니 직원들과 포옹, 팔짱, 어깨동무 접촉에 로봇은 면했다. 한번은 택시기사님이 내게 직업을 딱 맞출 수 있다며 야심차게 말

한 적이 있다(혀근육도 변했는지).

"콜센터 직원 분이시죠?"

"아…… 네…… 보는 눈 있으시네요."

운동하면서 즐기는 감각이 생겼다. 통각이다. 장시간 앉아 있으면 하체에서, 컴퓨터만 들여다보면 어깨에서 신호를 보낸다. 고마운 통각이다. 이젠 눈치껏 알람이 뜨기도 전에 움직인다. 기분 좋은 통각은 두 개나 생겼다. 하나는 평소 쓰지 않던 근육을 건드려서 나타나는 통증이다. 체력장 다음 날처럼 근육 크는 소리이니 못이기는 척 즐기면 된다. 다른 하나는 고통을 딛고 일어선 사람들의 통각이다. 공감과 감정이입에서 배어나오는 통각. 남과의 비교로 졸지에 내 고통은 가려움증이 된다.

내 프레임에 갇혀 있을 땐 들리지도 보이지도 맡지도 느끼지도 못했다. 운동은 '감각 알아차림' 시간이다. 가만히 있을 때도 오감 놀이에 빠지게 한다. 오감은 영유아만 자극할 일이 아니다. 중년도 부지런히 오감 가지고 놀면 신체나이도 세월아 네월아다. 신께서 다리가 마비된 환자를 벌떡 일으켰다면 운동은 감각이 마비된 환자를 춤추게 한다. 보이지 않고 만져지지 않는 것도 깨달음으로 오감을 느낀다. 몸에 근육이 성장할수록 감각 더듬이도 발달한다. 감각만 있으면 세상은 더 넓고 진입장벽은 더 낮아진다. 세상과 아이컨택 한 '감각류' 인생이야말로 노후보장 상품이다.

운동은 감각과 감정을 들춰내고 잘게도 쪼개준다. 맛있다 맛없다 좋다 나쁘다의 이분법에서만 놀았다. 심심하다, 씁쓸하다, 얼얼하다, 칼칼하다, 밍밍하다는 입맛부터 시큼털털하다, 달콤쌉싸름하다, 비리비리하다, 달착지근하다는 기분 맛까지 표현한다. "얼굴보다 더 매력적인 게 사람의 언어인데 팀장님의 메시지에 또 힘을 얻고 갑니다." 직원들 쪽지에 감동이 더 분화되고 깊어진다.

한 신문에 서울대 심리학과 민경환 교수팀이 연구한 「한국어 감정단어」란 제목의 논문이 소개된 적이 있다. "사랑이나 행복, 기쁨처럼 '쾌'를 표현하는 말은 전체의 30퍼센트도 채 안 되는 반면에 참담·배신 등 '불쾌'를 나타내는 단어는 70퍼센트가 넘는 것으로 나타났다"며 감정이 아니라 생각을 대답하는 사람이 많다고 했다. 감정이 분화된 사람은 여러 감정을 느끼고 구분하는데 미분화된 사람일수록 감정을 알지 못한다며.

하도 잘 들어 여전히 별명은 소머즈다. 청력은 이십대, 귀는 이순耳順이 된 듯하다. 청력聽力은 청聽 자에 담긴 마음의 귀처럼 기울일 말은 보다 자세히, 흘릴 말은 넘길 줄 아는 능력이었다.

인생 보청기로 거듭난 소머즈, 세상 소리에 팔랑귀는 되지 말자.

36

내 몸을 바꾼 몸바시
하루 10분 운동

운동은 '시간 관리사'다. 할수록 느는 건 운동이요 느낄수록 느는 건 근육이니 갈수록 시간은 짧아진다. 헬스장에서 근력운동 서너 종류 3세트씩 하고 시계 보면 15분 정도다. 들어올리는 무게가 클수록, 몸이 천근만근일수록 더 화들짝 놀란다. 한참 된 것 같은데 시간이 고작이라서. 집에서 TV 보며 복근운동 10종류를 30회씩 해보니 15분이 흘렀다. 짧은 시간 안에 이렇게나 많은 운동을 할 수 있다니. 오늘은 어깨, 내일은 등이라 정해도 소요시간 봐서는 그리 거창할 게 없다. 근육을 강하게 자극시켜도 10분 안쪽으로 다 해결된다. 이리 값비싼 시급제가 있나. 물론 무슨 일이든 처음 동작을 익히는 데는 시간이 걸리지만 원리가 익숙해지면 가속도가 붙는다.

매일 10분 운동. 이 여섯 글자가 하루라도 운동을 하지 않으면 입에 가시 돋도록 했다. 한 가지를 10분 하든, 1분을 긁어모아 10분 만들든 좌우지간 10분이다. 집에서 뒹굴뒹굴 TV 보는 데는 몇 시간 펑펑 쓰면서 10분을 못 쓰랴. 24시간 중 꼴랑 10분, 0.1퍼센트를 못 내랴. 만만하게 느껴졌던 '10분' 운동이 어느 순간 '100분'이 넘는 TV 자리를 차지했다. 집에 들어오자마자 하는 운동이라고는 리모컨 버튼 누르기였는데 내 몸을 조작하는 게 훨씬 유익한 방송이었다. 이리 싸게 먹히는 일이 있나. 회사가 원주로 이전해 원룸에서 산 적이 있다. 장만한 살림살이에 TV는 빠졌다. 그 자리에 덤벨, 커틀벨, 폼롤러, 밴드, 매트, 요가링이 들어갔으니 돈, 시간 모두 절약한 알뜰구매다.

10분이 어느 누구에게는 바람처럼 느껴지고 누군가는 생명을 다투는 시간이다. 난 10분을 바람처럼 접근했지만 생명과도 같은 가치를 얻었다. 그래서 히트 친 노래들도 다 10분을 내걸었나보다. 이효리의 <저스트 텐미닛>과 김연자의 <십분 내로>. 가사도 어쩜 10분이면 다 해결될 것만 같은지. 제목에 '하루 10분'이 있는 책도 10분에 1권씩 출간된 것처럼 숱하다. 10분 만에 완성한다는 강의와 영상도 세상천지 널렸는데 젊은 시절 허송세월을 보냈으니 가는 세월 잡은 운동이 고맙기 그지없다.

휴대폰 스톱워치에서 10분 설정이 가장 바빠졌다. '10분' 하면 '매일'이 연상될 정도다. 하루살이 양념이 되었다. 아침 다섯 시 반에 일어나면 성경을 10분 쓴다. 눈을 떠 새날을 맞이한 것에 대한 답례품이다. 책 필사도 10분이었다(신문 스크랩 업무 전까지 3년간). 한 문장 마저 쓰면 한 챕터 깔끔하게 끝나더라도 욕망을 접고 10분 알람과 함께 가차없이 손 뗀다. 출근하지 않는 주말에도 예외는 없다. 11분, 12분까지 인심 쓰지 않는 게. '이번 한 번' 하며 건너뛰면 부담감이 쌓이고 '조금만 더'로 삘 받으면 다음 일들의 줄도산으로 스트레스가 쌓인다.

신문 칼럼 서너 개 소리 내어 읽으면 10분 된다. 아나운서가 되는 저스트 텐미닛이다. 횡설수설 버벅대는 말솜씨에 논리력과 전달력을 키우고자 시작했다. 4년을 했으니 14,600분이 쌓였다. 243시간, 주 40시간 일한다 치면 한 달 반을 근무한 셈이다. 변화 체감도는 10분의 단순 합이 아닌 제곱근이다. 습관을 다루는 수많은 책에서 왜 그리 '복리' '복리' 하는지 실감한다. 사고 체계와 발음, 목소리 울림이 확연히 달라졌다. 남자가 말하는 줄 알았다며 입 벌리면 깬다는 말을 많이 들었는데 마흔 넘어 목소리 좋다 소릴 들으니 자화자찬은 아닌 걸로. 습관 복리는 변화 공식임에 틀림없었다. 뻥튀기 정보가 아니었다. 운동을 하면서 바인더를 쓰기 시작했다(6년이란 소리). 일을 시작하기에 앞서 '감사한 일-기쁠 일-오늘의 다짐' 세 개씩 쓰고 자기 전에 '대단한 일-어떻게?-습관달력'을 쓰면 저울로 단 것처럼 10분이다. 그 흐름에서 내가 뭘 좋아하고 어떨 때 기쁜지를 알게 된다. 하루 열 시간을 얻은 팽만감이다.

독서나 글쓰기도 매일 10분으로 걸어두었다. 6년째다. 부끄럽게도 총 시간 역시 6년째. 중요한 건 하루라도 건너뛰기 어려운 지점까지는 왔다는 것. 과거는 그렇다 쳐도 미래는 보장받았다. 1초라도 거기까지 가닿는 게 어렵지, 일단 손대면 10분이 가혹하리만치 끊기가 어려워진다. 앞서 소개한 삼합운동이니 의식주 운동이니 모조리 합쳐도 10분 안쪽이다. 스트레칭 10분은 내 팔다리만 일자로 편 게 아닌 삶에도 한 획을 그었다. 내 생애, 이 나이에 건너지 못할 강이라 치부한 것을 경험했으니. 이상한 나라의 앨리스만할 것 같던 몸짓이 이상하지 않은 일이 됐으니. 매일 10분 투자하면 로망이 손에 잡힌다. 진정 저스트 원 텐 미닛 내 것이 되는 시간이다.

"난 안 돼"란 말을 뭘 믿고 그렇게 남발하며 살았는지 모르겠다. 그것도 '원래'까지 붙여가며. 10분도 안 써보고 함부로 내뱉을 말이 아니다. "(하기 싫어) 안 돼"였던 것. 말은 바로 해야 한다. "지금

안 돼"로. 이젠 새로운 일에 부딪쳐도 일단 10분으로 달려든다. 10분이 터무니없는 일일지라도 10분간 해낼 양을 확인할 수 있다. 거기에 10분씩 추가하면 기대수명이 늘은 것처럼 더 몰입해 시간을 쓰게 된다. 노래방 마니아로서 서비스 10분 추가 받을 때의 감동이랄까.

스쿼트 100개를 목표로 몇 개 남았나를 생각하기보단 10개 목표에 10개씩 추가하는 것도 방법이다. 오래가는 습관 건전지다. 목표 달성 후 다른 습관으로 환승하는 재미도 쏠쏠하다. 10분의 위력으로 기다림 끝판왕도 되었다(그렇다고 매번 기다리게 해서는 곤란). 이제는 언제 오나, 언제 시작하나, 언제 주려나 따위에 목 빼고 기다리지 않는다. 하루 10분 습관 해치울 기회!

난 기다리는 데 젬병이었다. 10분 먼저 도착하는 성향인 데다 10분 이상 기다리니 내가 자처한 시간까지 누적되어 버럭하거나 마음속 침전물이 되었다. '10분 효능'으로 성질도 10퍼센트 죽은 듯. 그렇다고 남이 하는 말을 10분만 듣는 인간은 아니다. 10분 맛을 보면 5분, 3분, 1분도 소중하다. 어쩌면 세상을 바꾸는 힘은 자잘한 시간에서 나오는 것일 수도. 아낀 만큼 소중하고 소중한 만큼 사회와 나누게 된다. 열 명을 바꾸다 보면 백 명도 될 것이다. 10분 적금, 여러 명이 함께 부으면 십시일반十匙一飯 통장 된다. 국가경제에 이바지하는 적립식 펀드다.

MZ세대 남직원이 자신은 퇴근 후 운동, 독서, 글쓰기 루틴이 있다며 계획이 틀어지는 게 싫다고 했다. 어디 가서 이렇게 말하면 이상한 사람 될까봐 절대 티를 안 낸다고 한다. 그 친구는 업무역량도 뛰어나기로 평판 난 직원이다.

"루틴이 있는 사람은 그것만 고집스럽게 지키는 게 아니라 위기 상황에서 그동안 축적된 루틴으로 더 유연해질 수 있다"고 말해주었다. 자신을 이상한 사람으로 보지 않아 감사하단다. 루틴 갖고 직장생활 하는 게 더 고마운, 요상한 나라의 앨리스인데 아군끼리 뭐 그리.

그런 의미에서 10분 한잔 어때?

37

침묵을 배우고
행동을 베풀다

직원이자 엄마인 그녀가 말했다. "우리 애는 느려 터졌다"라고.
"뭘 숫제 치우질 않는다"라고.

내가 말했다. "그러니까 애지, 그럼 어른이게?"

직원이 자기 실수를 두고 어깨와 눈꼬리가 축 쳐진 채 말했다.
"난 이런 게 문제다"라고.

내가 말했다. "그러니까 인간이지, 그럼 신이게?"

내 입에서 이런 말이 튀어나오다니. 예전 같았으면 맞장구에 두
마디 더 보탰을 텐데. 나보다 어리면 '나 때는 안 그랬는데'가, 나

보다 위면 '나라면 안 그럴 텐데'가 상식이던 사람이었다. 이젠 자식이나 부모의 실수 앞에서 '난 더했어'와 '난 더할걸' 한다. 철드는 소리가 철철 넘친다. 남에게 관대해졌다기보다는 철(쇠) 드는 운동을 하러 가야 하기에. 운동할 시간도, 근육을 나누기에도 인생은 그리 길지 않다. 바쁘니까 청춘이고 바쁘니까 선행이다.

수화기를 당장 드는 게 익숙한 사람이었다. 말이 더 빠른데 굳이 뭘 쓰기까지…… 했다. 운동이 몸에 배면서 통신수단도 변했다. 전화기에서 쪽지, 편지, 문자로 기기 이동. 문자야말로 받는 사람의 시간을 빼앗지 않으면서 감동 유통기한은 훨씬 긴 최첨단 통신수단이었다. 이런 변화가 나이 들면 다 그렇다는 둥, 운동 열심히 하는 사람들이 전부 편지 쓰느냐는 둥 할까봐서 하는 말인데 난 운동이 변화시킨 게 틀림없다. 감동시킬 사람도 누릴 운동도 많다. 한정된 시간 속에서 효율성은 단연 말보다 행동이었다.

홍보기획부에서 일할 때다. 한 달에 한 번 열리는 정책회의에는 정부기관 출입기자가 방문한다. 출장 가서 기자석을 준비하고 지원하는 일을 했다. 아아(아이스 아메리카노), 따아(따뜻한 아메리카노), 따라(따뜻한 라떼), 카마(카라멜 마끼아또), 깔만(깔라만시)……. 기자 얼굴이 보이면 묻지도 따지지도 않고 조용히 노트북 옆자리에 음료를 두곤 했다. 안부 열 마디보다 한 잔의 향기가 더 진했다. 함박미소든, 어찌 음료를 다 기억하느냐든 상대 입이 먼저 열렸다. 1:N으로 프로세스를 한 큐에 털기보다는 1:1로 여러 번 뛸 때 상대는 감동했다. 기자들을 만나던 첫날 휴대폰에 차량등록번호와 음료, 질문들을 메모했다. 말은 총보다 강하고 펜은 칼보다 강하다고 했던가. 발은 미사일보다도 강했다. 많은 말을 건네기보다 한 번 뛰는 행동이 상대에게는 감동, 내게는 운동이 되었다.

어려서부터 "입을 가벼이 함부로 놀리지 말라"는 가훈에 절어 살았다. 그래서인지 속내를 꺼내는 데 미숙아였다. 마그마가 터지는 마흔식을 치렀다. 말을 하지 않고는 못 배기는, 쏟아내지 않고는 못 견디는 '욱'이 등장했다. 그럴 때면 집과 회사 모두 내가 양이 아니라 호랑이 새끼를 키웠나로 보는 듯했다. 사춘기가 이제 온 건가. 주워 담을 수 없는 생각들이 나를 또 괴롭혔다. 몸이 내는 소리는 무시한 채 입이 먼저 반응했다. '욱' 이전에도 내가 머문 자리는 어디든 티가 났다. 말(농담)이 많고 웃음을 못 참는 통에 하도 시끄러워서.

몸과 마음은 암수 한몸이거늘. 원인을 밖에다 두면 손쓸 겨를 없이 행동은 엇박이었다. 깜빡이를 켤 새도 없이 입방정이 앞지르기 해 사고를 냈다. 사고 경위를 쫓다 보면 발단은 몸에 있었다. 상대를 고칠 게 아니라 내 몸을 수선할 일이었다. 속도위반 예방에는 발이 최고!

커뮤니케이션 전문가 코르넬리아 토프는 운동으로 마음의 평온

을 얻는 방법을 소개한 바 있다. 운동치료로 의학계에 센세이션을 일으킨 프랑스 물리치료사 다니스 보이스는 단순히 팔 돌리기만 으로 번아웃 직전의 한 대기업 이사를 치료했다고 한다. 저자 역 시 침묵 세미나에 참가해 각자 천천히 방을 걸으며 자신의 동작 하나하나를 느껴보라는 강사 지시를 얼떨결에 따랐다가 단순히 생각이 멈춘 상태를 넘어 온몸과 마음이 존재의 중심을 향해 집중했다고 한다. "내 말이!"로 내 침묵마저 깼던 그의 말은 이랬다.

"그 상태를 오래오래 유지하고 싶었다. 그렇게 편안하면서도 활기에 넘쳤다. 또 얼마나 많은 것을 느꼈는지, 얼마나 신이 났는지 모른다. 그 순간, 정말이지 쇼핑할 때보다도 더 신이 나고 생기가 돌았다."

내 몸에 시선을 두니 침묵이 따라 붙었다. 진정 침묵은 황금이다. 금붙이를 몸에 붙인 듯하다. 금쪽같은 근육을 느껴야 하기에 말수가 절로 준다. 묵언수행이 따로 없다. 명상이 별개 있나. 선수들도 묵언수행을 거쳐 경기라는 고요 속에서 초집중한다. 골을 넣고 메달을 따고 소감까지 몸으로 한다. 멋진 세레머니로 서로의 마음을 확인한다. 나 역시 운동으로 터득한 몸짓이 일상까지 번졌다. 말그릇이 바뀌었다.

난 이제 괜찮은 여자다. 단 10분을 운동할지언정 화낼 시간이 없으니. 입 다무니 나름 신비감도 있어 보인다. 도로 주워 담을 일도 줄었다. 예전에는 농담도 잘 하는 양반이 왜 이리 뚱한가 할 텐데 이젠 주변도 내 침묵에 익숙해졌다. 더 이상 우울함을 말로 풀지 않는다. 술로도 풀지 않는다. 몸에 맡긴다.

좋은 말도 입으로 내뱉는 것과 쪽지나 메신저로 보내는 건 천지차이다. 직원들 대부분 아이 둘 셋 키우며 출근한다. 살다 보면 돌발은 당연하다. 우린 글밥으로 물물교환 한다.

"팀장님, 내일 아이 유치원 행사로 저 연가 좀 쓸게요."

"그래요. 물개박수 힘차게 치고 오세요."

구구절절 나름의 사연으로 휴가 쓰는 직원들. 따스한 말 한마디가 힘이 되었다는 부메랑을 받았다. 다 큰 어른이고 그 상황을 내가 없애준 것도 아닌데 글자의 힘은 가히 세다. 팀장 9년차의 연륜은 아닌 듯하다. 운동을 모르던 시절, 그 당시의 이 팀장은 '이런 상황에 혼자 일을 다 해야 하나'라며 발을 동동 구른 인간이었으니.

한때 아이들 데리고 캠핑이나 해외여행 가는 가족이 부러웠다. 돈, 시간, 사람, 가지 못할 삼박자를 타고난 팔자려니 했다. 일주일에 두 번 아이를 드럼학원에 데려다준다. 아이를 기다리던 어느날 눈앞에 펼쳐진 구름과 발에 나뒹구는 낙엽을 보았다. 제 발로 굴러 들어온 낙엽과 구름 놔두고 굳이 내 발로 찾아 나설 거 뭐 있나. 지금 이곳이 최고의 여행지다. 역시나 '발'은 '말'의 한 수 위.

"아는 사람은 말하지 않고 말하는 사람은 알지 못 한다."

『도덕경』의 말이다. 발은 입이 없어 세상 귀에 더 쫑긋한다.

발 없는 말이 천리 가는 게 아니고 말 없는 발이 천리까지 갔다.

38

스텝 바이
스텝

운동신경에 유별난 유전자가 아니라서 운동 길이 그리 순탄치만은 않았다. 한마디로 '배반의 장미'였다. 성질이 '모 아니면 도'인데 중간에 때려치울 유혹을 간신히 붙들었다. 잘 되면 잘 되는 대로 실패하면 실패한 대로가 아닌 조울증처럼 '역시 나야' 대 '난 아닌가봐'의 연속이었다. 단체운동에서는 나보다 늦게 시작했는데 추월당할 때 '나'와 '나이'가 오버랩 되곤 했다. 내 차례가 되어 주목받는 것도 부담이었다. 뒤에서 혼자 시늉 내고 가기도 했다.

헬스를 처음 배울 때의 분위기는 엄숙했다. 어디서부터 손을 대야 하나(PT) vs 이렇게까지 해야 하나(나). 시키는 동작마다 균형을 못 잡아 몸은 비틀대고 팔다리는 바들바들 했다. 조금만 움직여도, 점프 하나만 해도 숨넘어갈 정도로 새파랗게 질려 "도저히 못 하겠어요"가 단골 멘트였다. 자존심도 상하고 다음 만남도 공포였다. 살고자 하는 이는 죽고 죽고자 하는 이는 산다 했으니 죽도록 꼬박꼬박 복습했다. 점심시간과 퇴근 후 밤 열 시에. 원주-분당, 나들목 분기점은 헬스장이었다. 그날 배운 운동을 일일이 기록했다. 그런데도 PT선생님을 만날 적마다 또 죽을 맛이고 또 헤맸다. 자괴감과 방황은 운동과 공존하는 존재인가. 시키는 동작마다 눈 밑엔 먹구름, 머리 위엔 노란 하늘이었다. 근육 하나, 근육 둘…… 마흔한 살, 마흔둘, 셋…… 쌓이고 쌓여 어느새 손에 전문가 자격증이 들렸다. 트레이닝 공부를 해보니 내가 못한 게 아니었다. 복습으로 실력이 나아져서 근육에 과부하를 줬던 것이다.

폴댄스는 발은 발대로 가볍고 귀는 얇을 대로 얇아진 퇴근길에 얻어 걸렸다. '힘' 운운하며 댄스학원답게 나조차 춤을 추게 한 나머지. 두 번째 수업부터 난리 부르스를 췄다. 그리 좋다던 힘도 번지수가 틀렸다. 기본이자 반드시 거쳐가는 동작인 클라임부터 되질 않았다. 두 무릎으로 폴(봉) 잡고 올라가는 건데 힘도 부족하고 뼈도 으스러질 것 같았다. 기초가 무너지니 수업마다 건지는 게 없었다. 잘못된 길인가, 이건 아닌데, 3개월 끊은 거 환불할까.

가뜩이나 속앓이 중인데 주변도 뜯어말리는 적군 투성이였다. 안
되는 것부터 하나하나 기초공사에 들어갔다. 허벅지 내전근 운동
을 하고 손 씻을 때마다 무릎 사이에 휴대폰을 끼웠다. 떨어뜨리
면 깨진다는 일념하에, 폴에서 떨어지면 죽는다는 일념하에 힘 빡
주는 무릎팍도사가 되었다. 폴에 매달리고, 손 떼고, 발 떼고, 뒤집
고, 꺾고, 찢다 보니 어느새 손에 전문가자격증이 들렸다.

　플라잉 요가는 선생님 입에서 '체력'이 튀어나오는 순간 쌀 한

가마니를 지고도 플라잉 할 것 같은 감성 충만으로 미래도 내걸었다. 맨 뒷줄에서 선생님이든 옆 사람이든 눈동냥하기 바빴다. 해먹매듭 놓치는 데 단골회원답게 중간에 내려와 다른 사람 발만 쳐다봤다. 남들 해먹 감고 올라갈 때 난 매듭 풀고 내려오느라 진땀 꽤나 뺐다. '플라잉'이 아닌 '매트' 요가였지만 이 운동이 '내게 맞네 안 맞네' 따윈 키우지 않았다. 연간회원님이시니. 맨 앞줄 센터로 진출했다. 내가 못 알아듣고 헤매면 바로 코앞이라, 눈 뜨고 볼 수 없는 광경이라 선생님도 그냥 넘어가지 않았다. 과외 받는 느낌이었다. 그동안 뭣 하러 외로이 해먹그물에서 허우적댔을까. 하루에 한 동작이라도 성공하자. 성공하려면 일단 출석부터. 내 사정으로 빠지는 데에는 인정사정없었다. 수업 중간에 업무전화를 받고도 금세 뛰어 들어와 진도를 뒤쫓았다. 해먹에 기대고 눕고 딛고 일어서고 휘감아 올라가고 낙하까지 하다 보니 어느새 내 손에 전문가자격증이 들렸다.

클라이밍도 어느 순간 나와 똑같이 시작한 초급반 동지들이 하나둘 모습을 감추기 시작했다. 집에 무슨 일 있느냐, 운동하다 어디 다쳤느냐, 회사일이 바쁜 게냐. 최고령자답게 연장자 같은 질문을 해댔다. 걱정도 팔자. 역시나. 너나 잘 하세요였다. 중급반으로 이동해 열심히 잘 하고 있단다. 같은 반 회원 중 발을 헛디뎌 부상으로 쉰 사람, 부친상으로 못 나온 사람, 휴일근무나 주말 벌

초 하느라 얼굴을 못 본 적이 있던 터라. 다들 분가는 시켰다만 주말에 빠지는 일은 없었다. 평일까지 운동하는 나와 달리 고딩 아들은 매주 일취월장했다. 레벨업 제의도 받았지만 실력보다 천륜을 택했다. 자식 앞길 막은 애미 같아 손아귀를 더 악물고 아이에게 물어가며 수업이 끝나고도 30분씩 복습했다.

여러 운동을 하면서 신체인지력이 늦는 편이라는 말을 들었다. 한 번만 봐도 바로 따라하고 몸으로 금세 기억하는 젊은 무리와는 확실히 차이 났다. 선생님들은 노력과 참을성이 강점이라는 위로인지 칭찬인지 모를 말을 했다. 선생님 설명에 가장 늦게 반응하고 가장 많이 틀리긴 했다. 한 발 한 발 내 수준껏 내 형편껏 걷다 보니 어찌됐건 출발점에서는 멀어졌다. 보폭이 넓지는 않아도 발자국은 남았다. 출발선에서 그 누구보다도 헤맸기에 다른 사람을 돕고 싶다는 마음도 자리했다. 주말에만 해서 그렇지 주 5일 운동제였다면 더 날아다녔을 거라고, 한 살이라도 젊을 때부터 했다면 더 난리였을 거라고 자존감 디저트를 먹곤 했다.

브래드 스털버그의 『피크 퍼포먼스』에는 세계적인 바이올린 연주자를 비롯해 운동선수, 화가, 지식인 들을 대상으로 한 연구결과가 나온다. 최고의 성과를 판가름하는 건 경험이 아니라 '얼마나 오랫동안 의식적으로 연습하는가'였다. 나 역시 '얼마나'가 아닌 '어떻게'가 성과를 좌우했다. 다름과 차이는 의식의 개입 여부였다. 시작은 다르더라도 의식을 차곡차곡 쌓다 보면 등산객이 내딛는 발처럼 언젠가는 점으로 보일 내가 정상에 서 있을 거라 믿었다.

의학전문기자로 미국 아침방송에서 건강정보를 전달하는 제니퍼 애슈턴은 『지금, 인생의 체력을 길러야 할 때』에서 매월 'self-care' 도전과제를 만들어 1년간 12가지 습관 여정을 그렸다. 가령, '플랭크와 팔굽혀펴기의 달'에는 매일 아침 90초로 심장이 터질 듯했다고 한다. 한 달 하는 게 무슨 의미라고 할 수도 있는데 한 달 맛본 효과로 습관이 누적되었다. 시간이 없어 그렇지 마음이 없어 못하는 경우는 없었다. 7년간 습관과 함께 지낸 나도 비슷했다. 루틴화는 실력은 늘리고 시간은 줄였다. 또 다른 도전이 끼어들어도 나란히 걸을 수 있다. 정착된 프로세스는 새로운 과제의 도움닫기다. 습관공장이 가동되면 버리자니 미련 남고 재미까지 붙어 계속하게 된다. 뭐가 됐든 천리길을 한 번에 걸을 순 없다. 낮은 계단을 디뎌야 다음 계단도 무리 없이 밟힌다. 단계를 건너뛰기보다 단계별로 걷는 게 빠를 수 있다. 뛰어난 기량보다 부상 없이 가는 게 지름길일 수 있다.

모 아니면 도, '초두 효과'나 '최신 편향'에 쏠리던 사람이 운동을 통해 과정이 부각되기 시작했다. '모'와 '도'도 내가 정하기 나름이다. 8월의 크리스마스처럼 9월이 새해일 수 있다. 남들 몇 달이 내겐 몇 년이 될 수도, 나의 강점으로 몇 달 걸린 게 남들에겐 몇 년일 수 있다. 40대가 20대가 될 수도 없거니와 20대인들 계단 세 개를 한꺼번에 오를 수는 없다. 눈앞에 닥친 것 하나가 느리다 해서 조급해할 것도 포기할 일도 아니다. 필요하면 찾게 되고 찾으면 알게 되고 알면 반복하게 되고 반복하면 잘 하게 되고 잘 하면 재밌어진다. 연애만 스텝 밟으랴. 운동도, 일도, 삶도 다 스텝이 있는 법. 쉽게 잡은 건 쉽게 질린다. 평계 없는 무덤 없고 단계 없는 무덤 없다. 내 무덤 내가 파진 말자.

"I really think its just a matter of time(우리 사이가 가까워지는 건 단순히 시간문제라고 생각해)."(뉴 키즈 온 더 블럭의 <스텝 바이 스텝>에서)

세상에 못할 일은 없다. 시간 들이기가 귀찮아서 하지 않을 뿐.

스텝 바이 스텝~ 오 베이베~

39

부의 시선 바꾼
추월차선

  학원을 못 다닌 것에 '한'오백년을 품었다. '돈 벌면, 돈 벌면' 후
렴구로 한 많은 내 인생에 한몫 털어보자 했다. 돈 벌기 시작하
니 시집가고 '애 좀 크면, 애 좀 크면'으로 바뀌었다. 애는 잘 크는
데 지출도 같이 큰다. 가족 총량의 법칙인지 아이가 크니 부모가
퇴행한다. 자식 품에 부모가 안길 때가 왔다. 부모에 형제, 질녀까
지…… 뭐 오백 년 갈 건 아니니. '돈 벌면, 돈 벌면', 돈 보면 수전
증이 일어나는 통에 희망고문이 되었다. 그러다 마흔 넘어 몸, 마
음, 정신이 휘청댔다. 자신이 밑 빠진 돈에 물 붓는 사람으로 느껴

졌다. 고속승진에 눈이 먼 건 일의 보람이 아닌 돈을 더 벌기 위한 것이었다.

처음으로 크게 투자한 건 PT 지출이었다. 뭘 배울지보다 돈부터 떠올렸다. 1회 비용(5~7만 원) 앞에서 떡이 나오나 밥이 나오나 여태 없이도 살아왔는데 생돈 날리는 거 아닌가. 가족 살림살이나 회사 경조사, 한턱 쏘는 건 즉시 결제이면서 내게는 지갑보다 입이 떡 벌어졌다. PT 상대를 두고 결혼을 할까 말까 만큼이나 이리저리 쟀다. 이 돈으로 날 호강시켜줄까. 결국 질병에 등 떠밀려 관계는 성사됐다.

PT를 하지 않았다면 매주 신경차단술, 물리치료 등으로 돈이 줄줄 샜을 것이다. 아파서 받는 치료비는 어쩔 수 없는 비용으로 취급한다. 예방주사료는 아깝고 진통주사료는 당연하고, 영양제는 아깝고 치료제는 당연한 식이다. 정작 나가지 말아야 할 돈은 응급이 아니면서 다니는 병원비였다. PT가 그 싹을 잘라주었다. 경제원리에 물꼬를 터주었다. 몸을 위한 곳에는 돈 수맥이 흐른다. 그렇게 목말랐던 학원. 헬스장에 이어 운전학원, 1인기업, 정리기술 등 각종 경영클래스는 물론 폴댄스, 클라이밍, 플라잉 요가, 필라테스까지 원 없이 맛본다. 학원에 원한 푼 것도 모자라 차릴 정도로 지도자 과정까지 배웠다. 죽어도 여한이 없다.

필라테스 지도자 과정은 대학등록금만큼 비싸다. 당장 치른 비용보다 얼마만큼의 효과가 나타날지가 더 중요하다. 지도자 과정 비용을 1:1 주 2회 수업으로 환산하면 약 8개월이다. 내 몸을 그저 강사에게 내맡길 때 드는 시간이다. 수백 가지 동작과 원리를 내 몸으로 체화하면 남의 손에 맡기더라도 흡수 자체가 다르다. 타인에게 재능기부까지 할 수 있다. 8개월 지나 비교했을 때, 아니 수년이 지나서도 과연 둘은 같은 위치일까. 여정이 빚어낸 그릇에 수북이 쌓인 전문기술. 무엇이 더 경제적인가.

손해는 덜 보고 공짜는 더 챙기고 싶은 게 사람 욕심이다. 감사와 이득은 따지고 보면 셀 수 없이 많은데 당장 눈에 보이는 보상이 아니면 받은 줄 모른다. 당장 나가는 돈 앞에서 절절 매듯이. 나가는 게 있으면 세이브도 있게 마련이다. 시간의 유한성으로 마냥 추가만 되는 게 아니다. 지출이란 단지 오고가는 금전만을 의미하지 않는다. 그 일이 벌어지기까지의 고민, 준비, 발품과 뒷수습, 관계, 시간 모두를 아우른다. 그런 의미에서 운동을 하면서 아웃된 지출내역을 보고한다.

1. 자체 보상 수여식: 금요일 밤 맥주와 안주거리, <나 혼자 산다> 시청

2. 가리개 용품 쇼핑: 뱃살/허벅지살 덮는 옷, 여드름 화장품 구매

3. 눈 부릅용 커피: 피곤 퇴치 & 심신안정제 5천 원~1만 원/day

4. 거절사절 술자리: 자칭 분위기메이커, 상사-직원 가교역할

5. 삼식이(외식/야식/폭식): 주말 외식, 수면제 야식, 잔반 zero 폭식

몸이 변한 후 옷, 화장품, 가방…… 쇼핑이 거의 사라졌다. 삶의 효율성은 물론 가치관까지 확립했다. 가방은 수납공간이 많은 백팩, 옷은 일주일 돌아가면서 빨아 입는다. 어쩌다 보니 의사결정 단계를 줄이려고 똑같은 옷을 입는다는 오바마 대통령과 스티브 잡스 스타일이 되어간다. 나보다 환경이 우선이다. 화장도 외부 회의가 있을 때만 하니 3년 전 화장품이 거저 남았다(신체나이도 3년 전?).

음식도 먹을 수 있는 만큼 먹고 남기지 않는 게 부자 길이었다. 내 몸값도 올리고 환경 값어치도 올린다. 주문 메뉴에 먹지 않는 음식이 끼어있을 땐 미리 빼달라고 말한다. 가령, 빵을 포함한 샐러드라면 빵을, 흰밥 딸린 음식이라면 밥을 제외시킨다. 음식맛보다 음식비용으로 배가 터져도 꾸역꾸역 먹어치웠다. 이젠 내려놓는다. 접시에 담는 양도, 남은 음식에서도. 몸에 해로운 걸 밀어 넣을 일도 아니거니와 빵 한 조각, 밥 한 술 못 뜨는 인구도 숱하다.

택시를 이용한 경우 돌아돌아 삼천포로 빠지면 흥분했다. 시간 절약하자고 탄 택시에서 도착할 때까지 미터기만 쳐다봤다. 이제는 택시비가 더 나와도, 노상에서 바가지를 씌워도 억울하지 않

다. 회사에서 공짜로 얻은 '이게 웬 떡' 물건도 내 주머니보단 다른 사람 손에 들려준다. 본디 처음부터 내 것이 아니었음을, 나무아미타불. 손해는 곧 봉사다. 나에 대한 집착을 버리니 사회에는 재활용이 되었다.

심미적 가치에 이끌려 충동구매하지 않는다. 비용 지불 의사는 생산성과 효율성이 결정했다. '나'를 알게 된 사실보다 더한 부자가 있을까. 날강도가 쳐들어와도 털릴 일 없는 '자아'를 느낄 때 세상을 다 가진 것 같다. '시간이 흐르면 나아지겠지'가 통하는 세상이 아니다. 사건 사고들의 신종과 변이는 늘 존재한다. 상황이 좋아지는 게 아니라 내 안의 환경이 좋아지는 거다. 가치관의 변화는 부富의 개념을 바꾸고 삶을 풍족하게 했다. 엠제이 드마코의 『부의 추월차선』에서도 '부'는 물질적인 소유물이 아니라 3F, 가족Family(관계), 신체Fitness(건강), 자유Freedom라며 라이프스타일의 바탕이 되는 믿음, 선택, 행복 및 습관이 만드는 하나의 과정이지 일회성 사건이 아니라 했다.

매년 월급명세서의 원천징수비용을 확인한다. 시급을 계산하기 위해서다. 시간당 버는 금액보다 더 가치 있는 시간이면 돈을 쓴다. 현재 그 일이 어떻게 이자 붙어 내게 돌아올지는 아무도 모를 일. 매 시간, 매 순간이 주식투자다. 축적된 시간은 뭔가를 보상하면 했지 마이너스 상품은 아니었다. 은행 통장보다 내 몸을 더 자주 들여다봐서 그런지 어느 날 보면 근육 명세서가 불어나 있다. 몸이든 통장이든 이자 붙는 재미가 쏠쏠하다.

『레버리지』에서 롭 무어는 눈에 보이지 않는 것이 드러나기를 원한다면 눈에 보이지 않는 것을 볼 수 있어야 하고 최소의 일로 최대의 결과를 얻으려면 자신에게 투자하라고 했다. 워런 버핏도 자신이 가장 큰 자산이라며 최대한 많이 투자하라고 맞장구 쳤다. 투기를 목적으로 하지 않는 '몸'의 실소유자가 되면서 삶도 재테크 되었다. 삶에서 아웃시킨 지출들이 모이고 건강 잔액은 늘어나는 '부작용' 원리다. 나야 이제 부자가 되었지만 '몸' 부동산에 일찌감치 투자하는 이들이 참 많다. 진즉에 '근육 적금' 부었더라면 떼부자 됐을 텐데 하는 아쉬움도 들지만 그만큼 또 펑펑 썼을 게다. 아무렴 어떠랴. '힘든 타자'에게 귓속말이 되었든 '과거의 나'에게 혼잣말이 되었든 운동으로 부가가치가 오른 건 자명한 사실인데.

바이러스와 공존하는 시대에 '업글 인간', '헬시 플레져' 용어까지 등장한 만큼 성장이 화두다. 여기저기 아프다는 소리 역시 대세다. 아픔은 내게도, 가족과 이웃에게도 빚이다. 빚이 눈덩이처럼 불어 마이너스통장 되기 전에 모두가 몸을 쓰는 데 힘을 보태야 한다. 몸에서 벌어지는 빈부격차, 그 해소를 위해 내 손발도 뛰는 중이다. 내가 쌓은 포인트를 고통 아우성에 조금이나마 기부하고 싶다. 사십 평생 몸에 명품을 둘러본 적 없고, 여생에도 그럴 일은 희박하니 몸이라도 명품으로 치장하련다.

심신心身 진품명품. 과연 얼마?

40

몸 쓸 줄 알면
글도 쓴다

전작 『턴의 미학』을 쓴 계기는 운동이었다. '턴'의 첫 주자가 몸이기 때문이다. 몸이 변한 후 쓸 힘이 나왔고 쓸 거리도 나왔다. 삶의 '턴'이 있었다 한들 눈에 보이지 않으면 믿기 어려운 판에 가시적인 성과로 드러나는 '몸'이라 혼자 우길 필요도 없었다. 하드웨어적인 변화도 그렇거니와 운동이 기억력과 집중력, 감각과 사고체계도 뒤바꿔놓아 자연스레 글쓰기로 바통이 이어졌다. 원래는 운동 에세이를 쓰고 싶었다. 안 쓰길 정말 잘했다. 운동세계가 이렇게나 광활한데 범 무서운 줄 모르는 하룻강아지 될 뻔. 여전

히 잘려나가는 손톱만큼 경험했지만 맴도는 말조차 범람해 털어
내지 않고는 아무 일도 할 수 없었다. 운동 혜택을 혼자 다 받고선
꿀꺽 삼키는 건 직무유기이자 이기주의자라는 생각이 들었다. 움
직이는 걸 그나마 SNS에도 남겨보지만 간이 배지 않은, 뭔가 부
족한 반쪽짜리 정보에 불과했다. 몸을 움직이면 움직일수록 건강
미味를 함께 느끼고픈 간절함에 늘 허기졌다.

건강보험심사평가원은 병원에서 진료 받은 내역과 지불한 비
용을 심사하고 평가하는 곳이다. 명세서 한 장 한 장에는 질병과
싸운 아픔이 있고 수많은 사연이 담겨 있다. 30, 40대인데 어깨
수술과 척추수술은 왜 그리 많은지. 수술 받지 않은 것을 다행으
로 여기기보다는 아파도 참는 사람은 또 얼마나 많을지, 가족들
은 병수발에 얼마나 고통이었을지 명세서를 사이에 두고 오만가
지 생각에 잠긴다. 환자를 직접 본 것처럼 이리 실감나는 건 몸과
통증에 이골이 났다는 반증이다. 도저히 다리 뻗고 편히 눈을 감
을 수가 없었다. 새벽마다 수차례 깨고 자다가도 벌떡벌떡 일어
나는 일이 잦아졌다. 명세서 건수에 치여서가 아니라 아픈 사람
건수가 많아서. 쓰지 않고는 배길 수 없는 지경에 이르러 여기까
지 왔다.

근육이 뭐길래 묘하게 글과 맞아떨어지는 걸까. 몸 쓸 때 뇌는
쉬겠거니 하지만 무슨 근육을 자극하고 배제시킬지, 어디에 힘을

주고 놓을지, 언제 숨을 마시고 내쉴지, 시선과 팔다리는 어디를 향할지, 머리부터 발끝 정렬은 어떻게 유지할지……. 정신줄 놓을 새가 없다. 운동을 하면 내 몸의 세포를 통제했다는 자신감과 함께 자유와 책임의식을 느낀다. 통제-자유-책임은 글에서도 필요한 덕목이다. 뇌도 몸의 일부고 글 쓰는 근육도 뉴런(신경세포)의 일부다. 몸쓰기와 글쓰기는 본능 속 암수 한몸이다. 격렬한 음악과 프로틴 음료가 운동신경을 자극하듯이 클래식과 허브차는 감각신경을 자극한다.

근력운동은 글 쓰는 데 버팀목이다. 팔다리와 몸통이 기둥 역할을 한다. 유산소운동은 글감까지 내어준다. 그럼 팔다리가 불편한 사람은 글도 못 쓰느냐 할 텐데 팔다리가 성한 데 쓰지 않는 이유부터 묻고 싶다. 근육이 자극되면 글의 지속성과 창의성도 자극받는다. 근육 원리를 알면 언제 어느 때건 운동이 가능하다. 글도 때와 장소를 가리지 않고 자극 받는다. 모든 움직임에서 칼로리가 빠져나가듯 글감은 몸에서 비롯된다. 필라테스에서 호흡과 전신 근육 한창 쓰는데 글감이 자극되어 메모한 게 한두 번이 아니다. 하다못해 샤워할 때는 물줄기가 척추기립근과 광배근을 때려 글 한 문단씩은 꼭 건져 올렸다. 응축된 땀이 씻겨나가는 운동 후 샤워는 오죽할까. 밥그릇을 전완근으로 바드득 바드득 닦을 때 튀어오른 문장도 이 책 곳곳에 스며있다.

현재 다니는 회사는 기획재정부로부터 매년 경영실적을 평가받는다. 경영평가 성과보고서 작성 TF팀에 발령 받은 적이 있다. 내가 뛰어나서 차출된 게 아니라 선배 팀장이 원주 본원을 갈 수 없어 대타였다. 그것도 전년까지 운영해온 기간에서 한 달 줄인 66퍼센트의 임시조직으로. 글 쓰는 방식까지 바뀌어 기간도, 서식도 모두 태스크포스였다. 내가 맡은 챕터는 '정책지원', 관련 부서(장)는 10개였다. 업무파악과 기획, 의견수렴, 통계산출 등 글을 쓸어 담고 서식에 맞춰 단어를 단타치고. 하루는 왜 24시간밖에 없는 건지. 24시라서 새로운 사실을 알게 되었다. 하루 한 끼만 먹어도(구정 연휴), 한 시간 자고 출근해도(주말) 내 몸에 아무 일이 벌어지지 않는다는 것. 4년째 축적된 운동은 체력과 필력으로 보상한다는 것. 운동이라고는 고작 하루 30분 달리기였지만 움직임은 글쓰기 지렛대가 된다는 것……. 내 삶의 TF기간이었다. 그 해부터 보고서 작성자도 경영평가 실사장에 배석토록 했는데 내가 쓴 부분을 두고 경평실사 위원장은 이렇게 말했다. "정책지원 파트는 성과를 탄탄하게 보기 좋게 써서 크게 더 지적할 건 없었습니다. 모두들 수고하셨습니다."

　이게 말인가 막걸리인가. 보고서를 잘 못 써 그동안 무슨 말인지, 눈에 안 들어온다든지, 왜 이렇게 긴지, 핵심이 뭔지 등의 지적을 받아왔었다. 횡설수설, 중언부언, 논점일탈이던 내게 세상에 이런 일이. 다음 해부터 '한 달'을 다시 복구해 억울한 감은 있지만 자신을 알게 되었으니 큰 선물 받은 셈이다. 몸은 근골筋骨탈태, 글은 환골換骨탈태였으니 이보다 기쁜 부활축제가 또 있으랴. 그해 여름 회사 보고서와 나의 보고서가 나란히 나왔다. 다른 사람을 변화시키는 게 세상에서 가장 어렵듯 남 얘기(경영실적보고서)보다 내 얘기(에세이) 쓰는 게 훨씬 쉽다는 걸 깨달았다.

　근육은 나누고 쪼개고 몰입해서 움직인 흔적이다. 근육과 뼈, 관절이 움직일 때 머릿속에서는 파노라마 영상이 흐른다. 운동 이름도 움직이는 형태를 본떠 지어진 거라 이미지가 더욱 또렷하다. 언뜻 보기엔 같은 동작이라도 '레그 레이즈'라면 두 다리를 들어 올려 복근이 자극되는 모습, '로우 앤 리프트'라면 고관절을 여닫아 다리를 내리고 올리는 이미지다. 운동은 근골격계, 순환계, 신경계만 자극하는 생물학적 요소가 아니다. 몸짓 하나하나가 육감이 된다. 난 긍정적인 사람이 아니다. 꼬리에 꼬리 무는 부정적인 자리에 이름값하는 운동감각들이 똬리 틀고 앉았을 뿐. 두루뭉술, 좋은 게 좋다 성향으로 주변에서는 종종 나를 답답해했다. 운동은 체력만이 아닌 디테일의 힘을 주었다. 구체화, 세분화, 수치화에 놀아나는 재미를 주었다. 이젠 왜 그렇게 피곤하게 사느냐는 소릴 듣는다. '디테일'과 '이미지'를 컨트롤C 컨트롤V 한 게 글이 되었다. 근육과 함께 책도, 글도 쌓이고 쌓여 북적북적(Book積 Book積)

해졌다. 역시 삶은 북적대야 제 맛이다.

안드레아스 모리츠의 『건강과 치유의 비밀』서문에서 "인생을 변화시키려면 삶의 진정한 본질적인 문제와 심오한 행복감을 창조하기 위해 우리의 방대한 에너지, 지능의 잠재력을 사용할 필요가 있다"며 "끝없는 잠재력을 풀어줄 열쇠 중 하나는 몸 그 자체"라 했다. 자신의 몸을 믿는 태도가 최우선이라는데, 세상에 믿을 놈 하나 없다는 소리는 결국 믿을 건 내 몸, 나 하나뿐이라서 나왔나보다. 강원국, 백승권의 『글쓰기 바이블』에 「매일 쓸 수 있는 '글근육' 키우기」란 챕터가 있다. 백승권 작가가 "운동할 때도 날마다 일정량씩 꾸준히 운동해야 효과가 있어요. 갑자기 무리해서 운동하면 오히려 탈이 나지 않습니까. 글을 쓰다 보면 글근육이 생깁니다. 누적적으로 꾸준히 쓰다 보면 아주 단단하고 촘촘한 근육들이 생겨요"라 하니 인터뷰 진행자도 "운동을 많이 하는 사람은 운동하는 게 즐겁잖아요. 근육이 생기면 근육 쓰는 게 즐거운 것처럼, 글쓰기를 하면 생기는 근육을 쓰는 것도 즐거운 일 아닐까요"라 했다. 근육을 써본 사람은 어딜 가나 이심전심이다. 말이 필요 없다. 글로서 말하노니.

한때 사모님 소리 들으며 조수석에 앉는 게 꿈이었다. 누가 태워주는 차를 타고 출근해보는 게 소원이었다. 직장생활 23년 동안 꿈은 무산되었지만 허황된 꿈이라서 천만다행이다. 마흔 넘어 운전면허증을 땄다. 버스나 지하철처럼 차를 직접 몰아도 흔들림은 글감의 무조건반사였다. 움직여 버릇한 게 '이동 중 글쓰기'로 전이되었다. 가만히 엉덩이 붙이고 A4에 쓴 것보다 스마트폰 화면에 휘갈긴 메모가 양적 질적으로 더 나은 글이 되었다(자기만족 기준). 하체를 비롯해 어깨, 허리, 코어 근력이 짱이면 이마저도 브레이크가 걸리겠지만.

글은 곧 삶이다. 쓴 만큼 움직인다. 바인더에 적은 메모마저 적은 대로 살게 된다. 아침마다 오늘의 다짐을 적는다. 바쁘다는 핑계로 어쩌다 건너뛴 날은 생각하는 대로 사는 게 아니라 사는 대로 생각했다. 기록한 날은 실행력이 확실히 달랐다. 그래도 쓴 게 있는데(나도 양심이 있지), 하며 몸을 쓰게 된다. 내게 있어 글은 리듬이자 그림이다. 글자든 악보든 그림이든, 모두가 흰 종이를 채우는 예술이다. 예술 얘기가 나와 하는 말인데 폴댄스를 하고 블로그에 글을 쓰니 학원에서 수강권도 선물했다. 글 쓸 줄 알면 공짜로 몸도 쓴다('힘'을 적은 글이니 파워블로거!).

새로운 운동을 하면 할수록 근육 자극점도 많아질 테고 상상력과 호기심도 늘어날 테고 글쓰기 너머 또 어딘가로 날 데려갈 것이다. 인간은 예측할 수 없는 미래에 불안을 느낀다. 알 수 없는 세상이라 설렘만 한가득이다. 지구의 공전과 자전과도 같은 몸쓰기와 글쓰기. 뭐가 더 고차원, 저차원이랄 것도 없이 둘은 필요충분조건이다. 인간이 도구를 사용하고 직립보행 하도록 진화한 것처럼 죽을 때까지 '몸'과 '글' 도구를 손에 꽉 쥐고 걸을 것이다.

몸 쓰면 글도 쓴다.

돈 쓰는데 마음까지 쓰면 금상첨화!

41

"잘 하고 있어요" "그렇지"
내가 이 맛에 산다

일대일수업과 그룹수업. 운동이 처음이거나 '너 자신을 알라' 단계라면 '나만 바라봐'의 일대일수업을 고려하게 된다. 시간이 흐를수록 개인과 그룹을 가르는 건 단지 비용만의 문제가 아니란 걸 알게 된다. 운동 요소에는 근육이 아닌 연대가 있음을 느낀다. 떼로 덤벼야 운동이 잘 된다는 의미는 아니다. 집에서 혼자 운동하는 게 더 잘 된다든가, 개인적으로만 선생님을 만나는 게 좋다든가, 인원수는 각자 취향이다. 월드컵 경기를 집에서 혼술 하며 응원하든, 치킨집에 모여 하든, 경기장에서 다 같이 하는 것의 차이일 뿐 운동을 계속 하는 힘, 신나서 하는 힘은 관계에서 비롯되었다. 그룹수업에 뛰어드는 건 돈으로도 해결할 수 없는 '몰핀 연대'가 있기 때문이다.

판소리에 나오는 추임새는 귓등으로 들었다. 그룹수업에서 내게 던진 말들은 한 톨도 놓치지 않고 "얼씨구"로 꽂힌다. 한 귀로 흘리기는커녕 여운이 얼마나 오래가는지 모른다. 폴댄스, 클라이밍, 플라잉 요가 어떤 수업을 막론하고 그 시간에는 내가 가장 연장자였다. 늦게까지 남아 연습하는 연장자가 아닌 나이가 비교도 안 될 만큼 널 띈 연장자. 나이가 낯가림을 부추겨 운동 초반에는 과묵한 연장자인양 수업에 이런 사람이 있었나 싶을 정도로 소리 없이 다녔다. 그런 내게 여기저기서 우쭈쭈~ 하는 소리를 보내왔다.

폴댄스 그룹수업 현장이다. 난생처음 본 사람인데 내가 동작에 성공하면 "우와~" 탄성과 함께 기립박수가 나왔다. 자신은 실패했는데도 "잘한다~"며 물개박수를 쳤다. '지금 이 상황에서 웃음이 나와?'라는 드라마 속 대사는 스포츠와 경쟁을 동일시하는 나의 꼰대의식에서 비롯된 선악과였다. MZ세대들은 진정 스포츠를, 동작을, 분위기 자체를 순수하게 즐기고 있었다. 미리 입을 맞춘 것처럼 응원 호흡도 착착 들어맞았다. 지금 내가 축제에 온 건지. 사랑이란 걸 처음 받아본 사람처럼 처음에는 어색하기

짝이 없었다. 운동문화, 그룹문화에 젖어들면서 받는 게 당연한 게 아니라, 주는 게 당연해졌다. 이젠 내가 먼저 박수친다. 한 사람 한 사람, 각자 지닌 개성을 칭찬하고 있다. 사랑은 받아봐야 줄 줄도 아는 인간. '그룹'과 '젊음'에게 또 하나 배웠다.

일일체험수업에서 체험자가 떨어져나간 것도 선생님의 말 한마디였다. "잘 하고 있어요. 그렇지, 좋아요~" 사람을 들었다 놓았다 하는 이 한마디. 언제 들어도, 시간이 흘러도 좋은 명언이다. 수업을 계속 듣게 하는 낚싯밥이려니 했는데 운동을 계속하게 만드는 마약이었다. 앞으로 뭔가를 새로 배울 때 설사 가식적이었더라도 난 이 덫에 또 걸려들 것만 같다. 운동을 늦게 배운 이 늦깎이 학생에게 스승이 건넨 첫 단추다. 결코 경로우대사상에서 기인된 말은 아니리라.

(헬스) "제가 가르치는 것보다 본인 노력이 다분한 회원님이세요."

(폴댄스) "회원님은 폴(봉)을 팔로 밀어붙이는 힘이 대단하세요."

(플라잉 요가) "회원님은 가능성이 충분해요. 일단 겁이 없으시거든요."

(클라이밍) "이 코스 충분히 가능하실 것 같은데 한번 해보시죠."

(줌바댄스) "회원님은 흥을 제대로 아시네요. 그 리듬이면 충분해요."

(필라테스) "근력도 있고, 사람에 대한 관심과 정성으로 좋은 강사도 될 수 있어요."

말 한마디에 일희일비 하는 사람이 아니⋯⋯면 좋겠지만 칭찬 들어 언짢을 사람은 단 한 명도 없다. 칭찬은 '지속성'의 열쇠다. 선생님 실력이 하도 뛰어나 닮고 싶다는 욕망보다 나를 이끌었듯이 나도 그런 사람이 되고 싶다는 생각이 든다. 선생님도 자신이 할수 없는 동작은 인정하면서 제자가 더 뛰어날 때 아낌없는 환호를 보냈다. 선생님이 뚱~ 하면 수업 분위기도 휑~ 했을 것이다. 회원들이 으쌰으쌰 하니 선생님도 들썩들썩 했던 게다.

"우와~" 이 두 글자에 불행 끝 행복 시작. 우아하다는 소리보다 산삼 수백 개는 삶아 먹은 것 같다. 그동안 (지적) 열 번 찍어도 넘어가는 나무 된다. "할 수 있다." 이 네 글자는 희한하게도 '역시 난안 돼'로 흑심 품고 있을 때 약방의 감초처럼 딱 등장한다. 등에할! 수! 있! 다! 화살이 꽂히는 순간 사자에게 쫓기듯 폭발적인 힘이 나온다. 높은 곳에서 벽과 나, 단 둘이 씨름할 때였다. 클라이밍 종착 지점에서 내딛은 발이 돌(홀드)에 미끄덩했다. "아우~" 알토가 울려 퍼졌다. 그 소리에 힘입어 내 키보다 높은 홀드에 손을 뻗어 척 갖다 붙였다. "이야~" 또다시 퍼지는 소프라노 서라운드. 힘도 빠지고 숨도 차고 그만 바닥으로 뛰어내리려던 찰나에 이어지는 화음, "할 수 있다! 다 왔다! 조금만 더!"

심금을 울리는 소리. 뚫린 귀로 어찌 모르고 지나친단 말이냐. 결국 성공했다. 단체수업은 응원부대로 실력까지 뽕을 뽑는다. 아이가 수험생 되고부터는 클라이밍에서 필라테스로 진로를 바꿨다. 역시나 그룹수업이다. 누구 한 명이 끝까지 버텨 성공하면 환호성이 없더라도 팔다리 바들바들 떨면서 결국 모두가 성공한다. 끝나고 그 어려운 걸 어떻게 해냈느냐 물으면 아이들은 "옆에서 다들 하니까"였다. 무음 처리된 우리들만의 리그지만 단체수업 속에는 성취감과 짜릿함이 있다. 물론, 선생님 한 명이 다 합친 소리보다도 열띤 독창이긴 하다. "근육을 제대로 쓸 줄 아네~ 오오 굿~" 우린 그 맛에 필라테스를, 주말을 눈 빠지게 기다린다.

테니스와 골프는 그 어떤 스포츠보다도 극찬을 받았다. 소질 있다며 계속 배워보라고 권유도 받았다. 내가 이 운동을 하지 않는 이유는 한쪽 근육만 쓰기 때문이라고 누누이 말해왔다. 지금 와 생각해보니 함성이 약해 그런 건 아니었을까. 귀밝이술을 마신 사람인지라 운동 분위기가 크게 좌우한다.

단체, 말이 또 나왔으니. 우리 집은 70대와 20대, 10대가 단체로 중국어를 배운다. "할아버님은 복습도 철저하시고 실력이 나날이 좋아지세요~" 이 환호가 아이들에게 경쟁일지 존경일지 모르겠지만 아이 고등학교 담임선생님이 내게 이런 말을 했다. "어머니, 영인이가 스승의 날에 중국어로 쓴 편지를 줘서 너무 감동이었어요." 여기저기 환호 폭죽 터지니 단체보험이라도 든 것 같다. 환호 몰러 나간다 얼쑤.

뒤끝 있다는 말, 나쁘게만 볼 게 아니다. 환호성 제대로 들으니 여운으로 뒤끝 있다. 가뜩이나 뒤끝 작렬인 사람인데 내용물이 달라져서 천만다행이다. 말 한마디로 천 냥 빚 갚는다 했다. 말 한마디가 체력 빚, 인생 빚도 갚는다.

코로나19보다도 더 강력한 전염병을 만났다. 가족과 직원들에게 헬스와 필라테스를 가르치면서 "잘 하고 있어! 오케이~ 바로 그거야!" 하며 천장 뚫어지듯 내지르고 있는 게 아닌가. 집과 사무실에서 주변 사람들이 그렇게나 코로나19에 걸렸어도, 병원에서 코를 숱하게 찔렀어도 꿈쩍 않던 내가 "그렇지~"에 중증 감염자가 될 줄이야.

소리를 찾아 헤매는 하이에나가 되어도 좋다. "잘 하고 있어요"가 "잘 살고 있어요"로 환청이 들려도 좋다. 이 맛에 살고 이 맛에 운동하는데.

그렇지~ 그렇고말고!

'몸'소 깨달음

한가위 때 보름달 토끼에게 소원을 빌라고 한다. 보름달을 넘어 진짜배기 토끼가 나타났다. 토끼해로. 한가위는 전보다 나은 몸으로 소원을 들어주었다. 몸 담은 '글'도 얻었으니 성대한 원 플러스 원 차례상이다. 2023년 토끼가 소원 하나를 들어준다면 꼭 이루고 싶은 게 있다. "몸을 더 움직이게 됐다"는, "내 몸을 더 사랑하게 됐다"는 한마디다.

마흔 넘어 운동-글쓰기-독서-운전 등 첫 경험이 진을 쳤다. 당연한 소리지만 경험은 부익부빈익빈을 낳는다. 해봐야 늘고 실력이 늘면 기회가 오고 기회를 누리면 또 발전하는 수레바퀴다. 50 넘어서도 맞물려 돌아갈 것 생각하니 나이가 기피 대상만은 아닌 게다. 조너선 라우신은 『인생은 왜 50부터 반등하는가』에서 인간의 행복그래프는 40대에 최저점을 찍고 50 이후부터 반등하는 U자 패턴이라 했다. 난 40에 가불했으니 50부터는 본전치기로 몸을 던져볼까 한다. 정규분포의 50대와 비교도 해가며 흥미진진한 한판 승부를 벌일 예정이다.

운동 신세계를 경험하고는 자꾸 생각나고 엉덩이가 들썩거려 혼났다. 회사가 훼방꾼인가 싶었는데 지나고 보니 회사가 있어 더 그립고 더 기다려졌다. 퇴근 후 운동으로 그리움 한바탕 풀고 나면 다음 날 일이 잘 되었다. 이토록 신나서 굴리는 다람쥐 쳇바퀴가 있나. 운동 글을 쓰다 보니 신경근이 자극되어 움직이고 싶고 실력도 확인하고 싶고 근육도 느껴보고 싶어 몸쓰기와 글쓰기가 갈지자였다. 글 군데군데 운동 후 땀이 배어 있다. 그야말로 에필로그이자 브이로그다. 가뜩이나 글쓰기에 운동이 보조제인데 운동 글이다 보니 '몸'과 '운동'이 건강검진 받는 계기가 되었다. 어쩌면 운동을 하지 않는 게 게을러서가 아니라 근육을 보지 못해서, 움직이는 맛을 느끼지 못해 그럴 수도 있겠다. 부디 나만의 사치, 혼자만의 향연이 아니길 바란다.

운동으로 찍은 점들이 모여 선線이 되고 선善도 고와졌다. 선녀와 운동꾼으로 '선'을 넘고 또 넘지 않으려 한다. 넘어야 할 한계선과 넘지 말아야 할 절제선, 나와 남을 잇는 '선'까지 그 사이에서의 풀이과정이 인생이고 내 몸이 최선이다. 40년 묵은 다 자란 몸, 고착된 몸, 노화를 앞둔 몸일지라도 부리는 대로 변한다. 흙에서 나 흙으로 돌아가는 게 인간임이 틀림없었다. 조물조물하는 찰흙처럼 조물주는 취한 대로 변하게끔 만들었다.

난 아이들과 함께 컸다. 아이들을 키웠다기보다는 아이들이 먹는 것, 보는 것, 체험하는 것 모두를 같이하며 자랐다. 이유식부터 시작해 책이든 영화든 음악이든 놀이터든, 느껴야 입도 뻥긋할 수 있는 사람이다. 참 피곤한 스타일이다. 피곤해야 피곤을 못 느끼는 사람이다. 6년간 일일이 느끼며 몸소 깨닫는 나를, 곁에서 지켜봐주고 기다려주고 후원해준 가족에게 고맙다. 자신들이 아프면 신경 쓰일까봐, 내가 코로나19라도 걸릴까봐 묵묵히 운동하며 각자 몸을 지켜주어 더더욱. 나의 심신이 소중히 보존되도록 힘든 일도 마다하지 않고 도와준 직장 동료와 선후배도 감사하다. '건강 전도사', '운동 전도사'라 부르며 책임의식을 갖게 한 출입 기자님들도 감사하다. 강철로봇 기름칠인양 과일즙이며 채소며 바리바리 싸 보낸 블로그 이웃과 직원들, 덕분에 몸의 신선도를 유지할 수 있었다. 나이롱 강사인 내게 운동을 배운 회원들(직원, 가족), 그런 나를 가르친 필립발리휘트니스, 오하운폴댄스, 제이핏아카

데미, 이지애플라잉요가, 손상원클라이밍짐, 오리엔탈필라테스와 본필라테스 스승들에게도 감사를 표한다. 더 많은 이들이 활력을 되찾도록 뜻을 한데 모아준 프롬북스 출판사에도 더없이 감사하다. 그들이 인조인간을, 존재로서의 몸을, 지금의 나를 만들었다.

입에 거미줄 칠 뻔한 이야기, 일단 회포는 풀었다. 인지력이 떨어진다, 횡설수설한다는 누군가의 한마디가 몸을 쓰고 글을 쓰게 했다. 지렁이보다는 고등한 인간이라 밟으니 꿈틀은 했다. 운동화 신고 나가는 일과 흰 종이를 채우는 건 늘 부담이다. 내게 건넨 관심어린 한마디가 틈틈이 움직이고 메모하게 했다. 조각파편들을 행복하게 엮다 보니 여기에 다다랐다.

물에 빠진 사람을 건져만 놓고 나 몰라라 하진 않을 것이다. 먹튀 글이 되지 않도록 인공호흡도 하고 심장 마사지도 하겠다는 의미다. 남이 나를 함부로 대할지언정 적어도 나만큼은 내 몸에게, 나에게 함부로 하지 않도록 MZ(중개인)세대가 될 것이다. 죄는 미워하되 사람은 미워하지 말라 했다. 몸의 잘못이지, 사람 잘못은 아닌 게다.

모든 문제, 모든 고민은 '기승전몸'으로 해결한다. 만사형통, 인생역전, 반전드라마는 옆집 일이 아닌 내 몸의 일이다. 근육 겉 핥았으니 이제 한꺼풀 더 벗겨 몸속 여행에 들어간다. 한 사람 한 사람이 근육 결을 온전히 느낄 수 있도록 몸속 이정표 따라 탐험은 시작되었다. 우리 모두가 뼈대 있는 (몸)집안이길 바라는 간절함이 돛을 올렸다.

자연 속 한 줌의 티끌과도 같은 게 내 몸이요, 내 맘 같지 않은 게 또 세상이다. 내 몸이 내 몸 같지 않은 '지몸의 종말'이 오기 전에 어떻게든 움직여보자. 내 몸도 내 몸이 아니다. 누군가에게 손 내밀 공유자산이다. 그런 의미에서,

"쉘 위 헬스?"

나의 운동 레시피

운동의 위아래

① 큰 근육 → 작은 근육, 여러 관절 → 단순 관절 순으로 운동

② 2~3일에 걸쳐 전신 나눠 강도를 높이거나 아침저녁으로 부위 분할

③ 과부하로, 점진적으로, 반복해서, 내 특성에 맞게, 특정 부위만 트레이닝

④ 에너지 많을 때 약한 부위부터(취약 우선), 운동 루틴에 변화 주는(충격) 원칙

⑤ 준비운동으로 체온과 유연성을 높여 부상 방지 및 운동 효과 향상

⑥ 에너지 사용 순서(탄수화물-지방-단백질) 감안 가급적 근력운동 후 유산소운동

⑦ 안전하고 편리하게 특정 근육 자극은 기구운동, 내 몸 컨트롤과 협응력은 맨몸 운동

하체 홈트

① 스쿼트: 무릎에 밴드 끼고 스쿼트 자세로 방과 거실을 오간다(꽃게걸음 집 안 워킹).
② 런지: 뒷발을 탁자에 얹어 런지
  * 정식 이름은 '불가리안 스플릿 스쿼트'
③ 힙(hip) 외전/내전: 의자에 앉아 허벅지에 밴드 끼고 두 다리를 벌리고 오므린다.

등 홈트

① 렛풀다운: 엎드려 누워 수건 등을 잡아당긴다.
② 데드리프트: 두 손(스티프 레그) 또는 한 손(원 레그)으로 세제통 잡고 데드리프트

푸시업 흑역사

벽 밀기(발은 벽에서 점점 멀리) → 벤치딥(발은 벤치에서 점점 멀리) → 탁자 밀기(탁자 높이 점점 낮춰 바닥으로) → 암워킹(팔로 엉금엉금) → 푸시업(바닥에서 횟수 서서히 증가)

어깨 홈트

① 덤벨: 거실 창밖 풍경 바라보며 '숄더 프레스'와 '라테 랄 레이즈'를 한다.

② 밴드: 방 문틈에 끼워 어깨를 외회전·내회전·외전·내전 하거나 만세해 돌린다.

③ 옆으로 누워 팔을 앞으로 뻗어 손끝 따라 머리 위 등 뒤를 거쳐 어깨를 회전한다.

팔 홈트

① 덤벨: 거실 창가 앞에서 '킥백'과 '오버헤드 트라이셉 스 익스텐션'을 한다.

② 밴드: 창가 고리에 걸고 '트라이셉스 프레스다운'을 한 다.

③ 덤벨: 앉아 있을 때 허벅지에 팔꿈치 대고 '리스트 컬' 을 한다.

내 몸은 거꾸로 간다
_마흔에 시작한 운동은 어떻게 행복이 되었나

1판 1쇄 찍음   2023년 2월 6일
1판 1쇄 펴냄   2023년 2월 13일

지은이   이지
펴낸이   조윤규
편집   민기범
디자인   홍민지

펴낸곳   (주)프롬북스
등록   제313-2007-000021호
주소   (07788) 서울특별시 강서구 마곡중앙로 161-17 보타닉파크타워1 612호
전화   영업부 02-3661-7283 / 기획편집부 02-3661-7284 | 팩스 02-3661-7285
이메일   frombooks7@naver.com

ISBN   979-11-88167-72-2 03190